これからの働き方を哲学する

人生100年時代、AI時代、グローバル時代

小川仁志

はじめに　働き方を哲学する

みなさんは働き方と聞いて、何を思い浮かべますか？

今、世の中では、働き方をめぐって国民的議論が巻き起こっています。国会でも働き方改革関連法が成立しましたが、それですべてが解決したわけではありません。むしろこれをきっかけに、現場ではより実質的な議論が始まったといってもいいでしょう。いつもそうなのですが、私たち国民は、法律ができたことでようやく問題を認識し、自分のこととして考え始めたといった感じではないでしょうか。

当事者である私たちが気づかないのは不思議に思われるかもしれませんが、日本人の異常な働き方はそれほど「当たり前」になってしまっていたのです。そして誰も疑うことなく、「残業か、仕方ないな」と受け入れてしまったり、「有給は消化できないのが当たり前」と思ってしまったり、時には過労死する人が出ても、「よくあることだしな」などと思ってしまっていたのです。一歩引いてみると、感覚がマヒしているとしかいいようがありません。

では、なぜその働き方を「哲学する」必要があるのか？　なぜなら、哲学とは「当たり前」を疑って、正しいことを探究する学問だからです。今私たちが当たり前だと思っている変な働き方を、哲学によって吟味するのです。そうして本当に私たちが求める働き方を見つけ出す。それが本書の目的です。

働き方をめぐっては、私自身もこれまでの人生の中で模索し続けてきました。私は少なくとも3回は転職しています。組織でいうと4つ目が今の職場です。そしてまだ、これからもどうなるかわかりません。どうなるかというべきか、どうするかというべきか……。

最初に就職したのは、総合商社でした。海外駐在も経験しました。やりがいはあったのですが、台湾で影響を受けた社会を変えるための活動に魅了され、会社を辞めてしまいます。人権派弁護士になって社会を変えようなどと安易に考えていましたが、思ったようにいかず、その後20代後半はフリーターとしてアルバイト生活を送ることになります。

そして30歳を迎え、一念発起して公務員試験を受け、市役所職員になります。ようやく社会を変えるための活動に少し近づいた感じです。と同時に、大学院で「公共哲学」という学問の勉強を始めます。その学問の内容が、よりやりたかった社会変革の実践に近かったこともあり、学位をとった後、倫理・哲学の教員を公募していた工業高専に転職します。36歳のときです。

さらに、そこで哲学者として活動し始めると、44歳のときに今勤めている大学から声がかかりました。それで今度はその大学に転職したという次第です。こうしてフリーター時代を除いても、4つ目の組織に属して働いていることになります。まだギリギり40代という年齢もあり、これからどうするかは、自分でもわかりません。人からも、よく「次はどこで何をするの？」とからかわれます。おそらくその答えは、本書を執筆する中で見えてくるのではないかと思っています。「おわりに」で具体的に宣言できるといいのですが……。

さて、以下では本書の構成についてあらかじめお話ししておきます。読み進めていただくうえでの参考にしていただければと思います。

まず第1章では、激変する働く環境を分析します。今働き方が議論される背景には、働く環境の大きな変化が横たわっているからです。主に、ＡＩをはじめとしたテクノロジーの急速な進化、人生１００年時代と呼ばれる長寿社会、ますます加速する少子高齢化やグローバル化、成熟社会化を取り上げます。現状を正しく認識し、未来に備えましょう。

続く第2章では、働き方のヒントにしたい5つの労働論を紹介します。といっても、経済学の労働論ではなく、哲学の労働論です。哲学は経済学や公共政策などのいわゆる対策を練るための学問と異なり、物事の本質を突き詰めることを目的とした学問です。したがって、この激変する社会の中で、働くことの普遍的な意味を探究するには最適だと思います。

そのうえで、いよいよ第3章では、これからの働き方を哲学してみたいと思います。いったいどう働き、そしてどう休むのか、具体的なアイデアを紹介します。

第4章では、第1章で分析した社会の変化ごとに、その中にあっても価値ある人間でいるためにはどうしたらいいか、いわばトレーニング方法を紹介します。

最後の第5章では、幸福論3・0と称して、結局どうすれば幸せに生きることができるのか、まとめに代えて提案をしてみたいと思います。

本書がきっかけとなって、一人でも多くの方が快適に働き、幸せな人生を送ってくださることを願っています。

はじめに

もくじ

03 これからの働き方を哲学する

04 価値ある人間になるためのトレーニング

05 幸福論３・０――激変する社会の中で輝いて！

01

働く環境は激変しつつある

激変する社会

　2019年の4月から、有給休暇の取得が義務化*されます。有給は取らないのが当たり前という風土の中で生きてきた身としては、**いよいよ働き方が変わる**という実感はあります。ただ、業務量が減らない限り、どこかにひずみがくるのは明らかです。これをどうするかについては、抜本的な解決策がないのが現状です。

　他方で、AI*の進化は目覚ましく、この原稿を書いている最中にも、関連のニュースが次々と飛び込んできます。たとえば、トヨタ自動車とソフトバンクが自動運転*技術などで新会社をつくるというニュースや、キオスクの店員、警備員、キャスターなど、これまで人間が担っていた仕事が続々とAI化されているというニュースなど。

＊有給休暇の取得義務化
働き方改革関連法の成立により、2019年4月より、企業に「年5日の有休取得」が義務づけられる。

＊AI
人工知能。Artificial Intelligence の略。人間が備えるような知的能力の発揮が可能なコンピューター。近年では、ディープラー

このように、**働き方が議論される背景には、私たちを取り巻く環境の大きな変化があります。**まず、ＡＩをはじめとしたテクノロジーの急速な進化、そして人生１００年時代と呼ばれる長寿社会、さらにますます加速する少子高齢化やグローバル化、もはや受け入れざるを得ない成熟社会*という現実……。今、こうした問題が私たちの働く環境を大きく変えようとしているのです。

もちろん、震災や経済の縮小、安全保障問題など、日本にはほかにもたくさん問題があるわけですが、以下では働く環境に直接影響を及ぼしそうな５つの問題にしぼって、話を進めていきたいと思います。

≫AI時代の到来

それでは１つ目、**AIをはじめとしたテクノロジーの急速な進化**からいきましょう。これは誰もが日々実感していることでしょう。「OK,

ニング（深層学習）という手法が進んだことにより、AIの画像認識や音声認識の精度が向上した。

＊自動運転技術
人間にかわってAIが状況判断や運転操作を行い、自動車を運転する技術。

＊成熟社会
経済や社会の成長がピークを迎え、何不自由なく生活できるものの、今後の急速な発展は見込めない社会の状況。

Google」といったり、「Hey, Siri」と話しかけるだけで、自分のニーズを満たせる日常を、10年前に誰が想像したでしょうか。まさに第四次産業革命*が起こりつつあるのです。たしかに、日経新聞にＡＩ関連の記事を見ない日はありません。それほどの企業も関心を持っているということです。

とりわけ人間よりもうまくできるという意味で、**ＡＩが人にとって代わる技術**には私も少なからずショックを受けました。たとえば、ＣＴ画像の診断はＡＩの方が正確にできるということは、医師でさえ不要になりうるということです。あるいは、コンビニや書店などで無人のレジを可能にする技術も実用段階に入っているようですが、これも店員が不要になることを意味します。ホテルのサービスを行うロボや、警備ロボなどはもう実際に使われています。

これらの技術がショックなのは、これまで人間がやっていたことをロ

＊第四次産業革命
ＩｏＴ、ビッグデータ、ＡＩ等の新しいテクノロジーによって引き起こされる製造業における技術革新のこと。18世紀の産業革命以来、四度目の産業界における革命であるとされる。

ボットがやるというＳＦ的イメージによるものです。昨日までそこに立っていたおじさんが、ある日突然ロボットになってしまっているという衝撃。あたかもロボットとの競争に負けて、面接に落ちたおじさんがうなだれて家路に着く姿を想像してしまいます。

人間が計算機代わりにＡＩを使うという話なら、単に高性能のパソコンが出てきたレベルと変わらないわけですが、**実際に人の代わりをするとなると、これまでのテクノロジーとは意味が変わってくる**ように思うのです。ＡＩが人間よりも上手に仕事ができる領域が、この調子でどんどん広がっていったらどうなるのでしょう。

だからこそ、将来ＡＩに仕事を奪われるのではないかという心配の声も聞かれるのです。そのような心配を煽《あお》る本がたくさん出ているのも原因の１つかもしれません。しかし、だからといって急にエイリアンが襲ってきて、私たちの仕事を全部奪うわけではありません。それに人間がやっていることをすべてＡＩがやるのは不可能です。人間はそんなに単純ではありませんから。

これまでも、パソコンが出てきたときに、多くの仕事がオートメーション化されてしまったとか、もっと昔に工場に機械が導入されて労働者が失業したというようなことがありました。つまり、新しいテクノロジーが出てくるたびに世の中は便利になるのですから、ある程度従来の仕事が減るのは仕方ありません。人間はその仕事をやらずに済むようになるのです。そう考えると、何も悲観する必要はないように思います。また別の仕事をやればいいだけのことですから。

ＡＩに置き換わるということは、その方が効率がいいからです。もっというと、より儲かるからです。したがって、社会全体としての富は増えることになります。その**富をきちんと再分配すればいい**だけのことです。たとえばベーシックインカム＊のような形でもいいですが、それを

＊ベーシックインカム
政府がすべての国民に対して、一律に現金を支給する仕組み。支給される金額内で生活できる場合は、労働の必要がなくなるため、大きく社会を変える政策であり、メリットとデメリットが論じられている。詳細は3章参照。

やらないと暴動が起こったり、社会は不安定化してしまいます。だから政府もなんらかの対策をとるでしょう。

仮にこの世のすべての仕事をＡＩがやってくれるというのであれば、私たちは遊んで暮らすだけのことです。ですから、何も恐れることはありません。使えるだけ使い倒せばいい。まぁ、すべての仕事をＡＩがやるというのはＳＦの世界の話であって、今のところは非現実的です。そんなに心配する必要はないでしょう。むしろ、ＡＩが得意とする分野の仕事に従事している人は、違う分野にシフトすることを真剣に考えるべきです。

それが何かということについては、ある程度の情報が得られる状態になってきています。また、ＡＩの本質や実力が明らかになるにつれ、情報の信頼性や精度も上がっています。私たちもそうした**情報に基づき、対策を練ればいい**のです。その点については、後で詳しくお話しします。

≫人生100年時代の到来

次に、2つ目の人生100年時代と呼ばれる長寿社会について考えてみたいと思います。衛生環境が向上し、医療技術も高度化したおかげで、**これからの人生は100年が当たり前になる**といわれています。ベストセラー『LIFE SHIFT』の著者リンダ・グラットンらによると、なんと2007年に日本で生まれた子どもの半数が107歳より長く生きると推計されているようです。

政府も、そのために人生100年時代構想会議を設置し、議論を重ねてきました。そこには、「人づくり革命」として、教育の改革や介護人材の処遇改善などが明記され、また、「生産性革命」として、企業の生産性を上げることと同時に、Society 5.0* と呼ばれるイノベーションによって牽引される社会の実装を謳っています。

そんな人生100年時代の中で働き続ける場合、私たちが一番気にな

＊Society 5.0
日本政府提唱による科学技術政策の基本指針の1つで、サイバー空間と現実空間を高度に融合させたシステムにより、経済発展と社会的課題の解決を両立する人間中心の社会をいう。

るのは、**いつまでも生き生きと働けるのかどうか**です。いくら長く働けたとしても、やりがいや生きがいを感じることができなければ、かえって苦痛になってしまいます。

その意味で、生涯にわたって学習が必要になりますし、また新たな社会のインフラを整えていくことも求められるでしょう。特に、私たち一人ひとりには、学び続けるということが重要になってくるように思います。そのへんに重点を置いて、後で詳しくお話ししたいと思います。

加速する少子高齢化社会

３つ目は、ますます加速する少子高齢化です。『未来の年表』という本がベストセラーになりましたが、それによると、ここ数年の間にもたくさんの衝撃的なことが起こると予測されています。たとえば、２０１９年には世帯数がピークを迎える、２０２０年には女性の過半数が50歳以上になり、出産可能な女性の数が大きく減り始める、２０２４年には団塊世代がすべて75歳以上になる、２０２５年にはついに東京都の人口が減少に転じる等々。

そうした中で危惧されるのは、なんといっても人材不足でしょう。いわゆる**労働人口の割合が減る**わけですから。特に今や社会を支えるＩＴ分野を担う人材なしには、この世の中は運営していけません。前掲書では、２０３０年にはそうした問題が顕在化し、ＩＴを担う人材の不足によって社会基盤に混乱が生じるとしています。２０３０年といえば、10年ほど先の話ですから、もうすぐだといってもいいでしょう。

もちろん、高齢者の割合が高くなると社会保障費*も膨らみます。かといって、**これまでのような働き方をしながら子育てや介護をしていては、心身を壊してしまいかねません。**働き方改革が求められる背景には、こうした少子高齢化の現実が横たわっているのです。

***社会保障費**
国の社会保障制度を成り立たせるために必要となる費用のことで、具体的には年金の受給額や医療・介護給付のために必要となる費用などが含まれる。日本は超高齢社会を迎えており、社会保障費が年々増加傾向にある。

加速するグローバル社会

４つ目は、ますます加速化するグローバル化です。これについては異論があるかもしれません。アメリカのトランプ大統領の政策に象徴されるように、今世界はむしろ保護主義化*しているのではないかと。大国が「なんとかファースト」と自国のことばかり優先して、高い関税をかけたり、その報復に出たりといったことをしているのはたしかです。

しかし、もっと大きな視野で世界を見たとき、**移民は増え続ける一方ですし、海外で働く人も増えています。**日本でも企業はいわゆるグローバル人材を求めています。航海技術が発展して大航海時代が起こったように、航空技術やインターネットなどの技術が発展するにつれ、必然的に人は物理的に移動したり、バーチャルに移動したりするものです。その流れを止めることはできません。インターネットのおかげで、私たちは日夜地球の裏側の人ともコミュニケーションを繰り返していますから。

＊保護主義
自国の産業などを守るために、他国との自由な貿易に反対する考え方。輸入を制限したり、高い関税をかけるなどの方法がとられる。第二次世界大戦前の世界恐慌時には、各国が極端な保護主義政策に走り、世界の貿易量が縮小した。

社会の成熟化

最後、5つ目は、成熟社会化です。1990年代初頭にバブルが崩壊して以降、2000年代前半までの10年は、「失われた10年」*と呼ばれていました。経済が低迷し、就職できない若者たちが、フリーターや非正規雇用者として冬の時代を過ごすことになったからです。彼らは失われた世代を意味する「ロスジェネ」（ロストジェネレーションの略）と呼ばれたりもしました。また、非正規雇用者の派遣切りが社会問題化して、テレビでも大きく取り上げられていたのを覚えています。

しかしこのとき、人々はまだ日本社会の成熟化を受け入れようとはしませんでした。ましてや経済の規模を縮小しようなどという声は聴かれませんでした。これは一時的な不景気にすぎないと思い込んでいたのです。というより、思い込みたかったのです。それからさらに10年が過ぎましたが、事態は一向に変わらず、今度は「失われた20年」という言葉

＊失われた10年
ある国や地域の経済不振が長期にわたることを指す。日本では主に、バブル経済が崩壊した1990年代初めからの10年間を指す。

が生まれました。

その後東日本大震災が起き、第二次安倍政権が誕生し、アベノミクス*のおかげで景気が上向いたかのようにいう人もいます。しかし、抜本的な改革がなされたわけではなく、借金を気にせずお金をばらまいただけです。私には、これは日本が成熟社会になってしまったことを受け入れたくない人たちのあがきのようにしか見えません。

ただ、賢明な人々はその事実に気づいていますし、今の日本しか知らない若い世代は、これから日本が栄えるなどとは思っていません。だから**成熟社会を前提としたライフプランやライフスタイルを追求し始めているのです**。いわばお金を稼ぐことを第一義としない生き方です。精神的ゆとりを求めて地方に移住する人も増えています。働き方改革が叫ばれる背景には、そうした価値観の変化もあるように思えてなりません。

***アベノミクス**
第二次安倍内閣において掲げられた一連の経済政策の通称。財政出動・金融緩和・成長戦略という「3本の矢」で、デフレ脱却や経済成長を目指す。

働き方を問うべきもう1つの理由

このように、**働く環境は大きく変わろうとしています**。ただ、働き方を考え直さなければならない理由は、それだけにとどまりません。つまり、環境の変化だけではなく、**個人の側の問題もある**と思うのです。時代がどう変わろうと、私たちは自分がどう働き、どう生きるかを考えなければならない宿命にあるといってもいいでしょう。

なぜか？　それは人間だからです。そういってしまうと身も蓋もないかもしれませんが、人間というのは未完成な生き物だということです。生き物はみなそうなのですが、人間の場合、これに加えて「ものを考える」という能力が備わっているだけにやっかいです。

何か問題が起こったり、思ったようにいかなかった場合、「なぜだろう？」と原因を考えてしまうのです。スルーしたくてもできない。心理学のシロクマ実験*ではないですが、考えまいと思えば思うほど逆に考えてしまうのです。

そう、**人間は常に「自分はこれでいいのだろうか？」と考えてしまう存在なのです**。先ほど「やっかい」というネガティブな表現を使いましたが、とらえ方によってはこれは素晴らしいことでもあります。少なくとも私自身は肯定的にとらえています。

完璧な存在なら、何も変わる必要はないでしょう。同じことをそのままやっていればいいのです。仕事についてもそうです。神様は完璧だからずっと神様なのだと思います。しかし、人間はそうではありません。

子どものことを未成年といいますが、人間は生まれて10数年たってもまだ未完成だとみなされているのです。実際、まだまだ未熟です。私もそうでしたが、自分が10代だった頃のことを思い出すと、ハラハラしま

＊シロクマ実験
アメリカで行われた心理実験。シロクマについてのビデオを観た後、「シロクマのことだけは考えるな」と言われたグループとそうでないグループでは、前者の方がビデオの内容をよく覚えていた。

す。よくあれで問題が起きなかったなと。多少は問題も起きましたが……。

そして、それは50歳手前になった今でも同じです。まだまだ未完成なのです。だからこそ、日々問い直さなければならないわけです。「はたしてこれでいいのか?」、「いったいなぜそうするのか?」と。

特に働くということについては、人生の多くの時間を費やすことになります。20代から60代の働き盛りの頃には、文字通り日常の多くの時間を働くことに費やすのです。そう考えると、「自分はこれでいいのか?」という問いは、「自分は今の働き方をしていていいのか?」「どう働くべきか?」「どんな仕事がいいのか?」という問いと重なってくることでしょう。

言い換えると、**どう働くかを問うことは、どう生きるかを問うことでもある**のです。『君たちはどう生きるか』*という吉野源三郎さんの本が

* **『君たちはどう生きるか』** 吉野源三郎が1937年に出版した児童向けの読み物。中学生のコペル君が叔父さんとの関わりを通じて成長する姿が描かれている。2017年に漫画化され、大ヒットを記録。

リバイバルで流行っているといいます。子どもの生き方について問いかけた戦前の名著ですが、この本が流行っているのには2つの理由があると思うのです。1つは、子どもだけでなく大人も常にこの問いに向き合っているからだと思います。もう1つは、この問いが時代を超えた普遍的なものだからだと思います。

人間は、どう生きればいいのか、日々考えなければならない生き物なのです。しかし、そのことを忘れがちです。また、疲れるので考えることを避けている人もいます。忙しくて考える時間がないということもあるでしょう。そして**考えないことが習慣になってしまう**のです。

習慣というのは怖いもので、職業の選択にも影響することがあります。まさにフランスの哲学者ブレーズ・パスカル*が、著書『パンセ』の中で職業選択における習慣の影響について書いています。若者は社会や大人

***ブレーズ・パスカル**
（1623～1662）
フランスの哲学者であり、数学者。パスカルの原理等、科学者としても業績を残した。死後に出版された『パンセ』に記された「人間は考える葦である」という名言が有名。

たちが抱いている習慣に影響されて職業を選んでいるというのです。たとえば、親が医者のステータスが高いというから医者になる（みんながみんな、なれるわけではありませんが）。あるいは、自動車産業がこの町を支えているから、みんな自動車関連の会社に就職するといったように。

これはまったくその通りだと思います。だから住む地域、付き合う人、行く学校は重要なのです。パスカルは、自然的存在であるはずの人間が、かくも習慣に影響されてしまうことを驚きをもって指摘しているのです。

しかし、パスカルが鋭いのは、時にその習慣さえも、自然（つまり本能的なもの）によって打ち破られることがあるといっている点です。この部分の記述はその話で締めくくられているので、もしかしたら彼が本当に言いたかったのは、このことなのかもしれません。そして私もそれを信じたいと思っています。**人間は習慣を打ち破って、本当に自分が望**

むもの、本来の自分を貫きとおすことができる存在であると。

ただ、そのためには何か習慣を打ち破るためのきっかけが必要なのです。たとえば、病気やけがをしたとか、大きな失敗をしたとか、家族構成が変わったとか。あるいは、誰かに強く問われたとか。映画や本もそういうきっかけになりえます。インパクトのある映画を観たり、いい本を読むと考えさせられますよね。

そう、本書はそうした考えるきっかけをみなさんに持っていただくために書かれたものなのです。どう働くかを切り口にして。いわば『みなさんはどう働くか』です。

なぜ働き方を哲学するのか？

働き方を問わなければならない理由がおわかりいただけたかと思います。では、どのように問うのがいいのか？　すでに見てきたように、激変する社会において、私たちの常識は大きく変わろうとしています。普通はもう普通ではないのです。常識や普通を再定義していく必要があります。取りも直さずそれは、私たちの働き方や生き方を再定義することにほかなりません。**常識を疑うこと。それは哲学*の得意とするところです。**

第2章では哲学の話をしますので、ここでついでに哲学とは何かということについて簡単に説明しておきましょう。哲学とは、物事の本質を探究することです。日頃の思い込みや常識とされていることを疑い、その奥に隠された物事の真の姿を暴き出す。そういう営みです。そのため

＊哲学
もとになったギリシア語のphilosophiaは「知を愛する」の意味。それを日本語で「哲学」と訳したのは、幕末の思想家・西周。

には、頭をフルに使って考えなければなりません。哲学が思考とイコールであるかのように思われるのは、そのせいです。

そうして思い込みや常識を疑うと、当然のことながら、何が正しいのかわからなくなります。そのままで放置していたら、真の姿を暴き出すどころか、何もわからなくなってしまうでしょう。そんな状態を悪しき相対主義と呼びます。すべてが「疑わしい」で終わってしまう状態です。

そこから抜け出すためには、もっと情報を集める必要があります。これまで関係ないと思っていたようなことも含めて、広く関連する情報を収集し、イメージを膨らませます。この作業がとても大事です。ここで前と同じ見方をしていては、得られる答えは前と同じになってしまうからです。したがって、複数の視点からアプローチする必要があります。

そのうえで、物事の意味を再構築していくのです。それは集めた情報を整理することで可能になります。関連するものを順にグループにまと

***悪しき相対主義**
相対主義とは絶対主義に対する概念で、絶対的な真理など存在しないとするもの。この考えが行き過ぎると、「どのような考え方も否定できない」と述べるしかない悪しき相対主義に陥ってしまう。

めていくのです。この作業は、文章でいうと一文にまとめられるところまで続けます。「●●とは××である」といえるところまで絞り込んでいけばいいでしょう。

そして最後は形を整えて、「ビシッと決まる」ようにする。これは冗談ではなくて、必要不可欠な作業なのです。ビシッと決まるというのは喩えですが、最後は抽象的な言葉でまとめる必要があるからです。そうでないと、いつでもどこでも当てはまるものにはなりません。哲学が物事の本質を暴く営みである以上、それは普遍的なものでなければならないのです。そうやって意識して言葉を選んでいると、必然的にビシッと決まる表現になるものです。だから哲学名言は印象に残るのです。

以上が哲学の仕方のあらましですが、最後に単なる思考と哲学の違いについて一言述べておきます。先ほど哲学と思考はイコールだと思われているといいましたが、少しニュアンスが異なる点があります。それはベクトルといってもいいのですが、哲学には常に深めていこうとする姿勢があります。**考えを深めるのが哲学の特徴なのです。**一歩でも一ミリでも深める。そのあがきが、本質に到達するためのコツみたいなものです。時にまどろっこしく思われるかもしれない本書の叙述は、そんな私のあがきですので、どうかご容赦ください。

逆にいうと、本書は決して押しつけがましいものではありません。あくまでどう働くかという問いかけと、それに対する私の考えの紹介にすぎません。つまり、**みなさんに考えてもらうのが趣旨なのです。**

書名にも「哲学」とついていますが、哲学の知識をお伝えするのが目的ではありません。次の2章を中心に、多少は哲学者の名前が出てきますが、考えるためのヒントにしていただきたいだけです。まずは歴史上の偉大な哲学者たちが働くことをどうとらえていたのか見てみましょう。

OGAWA'S POINT

1 今、社会は激変している

その背景には…

- AIをはじめとしたテクノロジーの進化
- 医療の進歩などによる、人生100年時代の到来
- ますます加速する少子高齢化で、労働人口が減ってしまう
- グローバル化が進み、移民が増える一方、活躍のチャンスは世界中至るところに
- 経済が右肩上がりの時期が終わり、少ないパイを分け合う「成熟社会」に

---

2 今までの常識が通用しない今こそ、新しい働き方を考えるべきである

- 昨日の常識は、今日の非常識
- そもそも、人間は「考えずにはいられない」生き物だ

---

3 常識を疑うためには、「哲学する」こと

- 哲学イコール単なる思考ではない
- これまでの常識や考えを徹底的に疑い、新しい意味を「ビシッと決まる」言葉で再定義
- 哲学はあくまで、自分らしい答えを導くためのヒント

新しい働き方を哲学していきましょう！

02

働き方のヒントにしたい

労働論

「働くこと」の時代による変化

働くことについての考え方は、哲学史においても様々に変化してきました。古代では、そもそも自由民*は労働していませんでした。奴隷がいたからです。働くことは苦痛でしかなかったのです。中世になるとキリスト教の影響で勤勉に働くことが奨励されます。**よい人間になるために労働すべきだとされたのです。**

宗教改革*の時代には、労働の意味も変わってきます。神学者のルターやカルヴァンの職業召命観がその典型です。彼らは神から与えられた使命として、職業に従事するよう説いたのです。マックス・ウェーバー*は名著『プロテスタンティズムの倫理と資本主義の精神』の中で、それが西洋社会において資本主義の発展をもたらす遠因になったと説きました。

＊自由民と奴隷
ギリシアの都市国家ポリスでは、奴隷以外は自由民で、労働や生産は奴隷が担った。

＊宗教改革
16世紀のヨーロッパで起こったキリスト教の革新運動。カトリック教会からのプロテスタントの分離をもたらした。

＊マックス・ウェーバー
（1864～1920）ドイツの社会学者。著書『プロテスタンティズムの倫理と資本主義の精

　そしていよいよ近代になると、働くことで社会を発展させるという思想が広がっていきます。**働くことと、個人や社会の成功が結びつけられるようになったのです。**もちろんそこには、国家を繁栄させるという国家の欲望が横たわっていました。

　その国家の欲望はさらに肥大化していき、産業革命*が起こると、**人間は国家の労働を担うための人員として位置づけられていきます。**あたかも巨大な機械の一部であるかのように。ニーチェ*はその様子を痛烈に批判しました。自由な市民を生み出すつもりの近代が、逆に「畜群」とも呼ぶべき主体性を欠いた人間を生み出してしまったと。

　現代は、こうした流れの延長線上にあります。もちろん、人間も徐々に自由を回復していきましたが、まだまだその途上にあるといっても過言ではないでしょう。これからどんなふうになっていくのか。その前にいくつかの特徴ある労働哲学を取り上げて、検討してみたいと思います。

神』は社会学を学ぶ者にとって必須の古典。

＊産業革命
18世紀後半にイギリスで始まった産業構造の大変化。機械の導入により、工業化が進行。

＊フリードリヒ・ニーチェ
（1844〜1900）
ドイツの哲学者。「神は死んだ」のフレーズと共に、近代ヨーロッパを支配していた既存の価値観を転倒。著書に『ツァラトゥストラはかく語りき』など。

マルクス　生きがいとして働く

まずはマルクス*です。名前くらいは聞いたことがあるでしょうか。ドイツの哲学者、経済学者で、いわゆるマルクス主義を確立した人物です。あらゆる社会の歴史は階級闘争の歴史であり、その**闘争が資本主義*の崩壊と、革命による労働者階級の勝利をもたらす**と主張しました。これがマルクス主義の基本的な思想だと思ってもらえばいいでしょう。

ここで労働者階級の勝利という言葉が出ているように、マルクスは労働者の存在を重視していました。なぜなら、労働によって価値が生み出され、労働によって商品の価値が決まると考えていたからです。これを**労働価値説**といいます。労働価値説自体は必ずしもマルクスのオリジナ

＊カール・マルクス
（1818〜1883）
ドイツの哲学者・経済学者。資本主義社会について詳細に分析し、1848年に盟友エンゲルスとともに『共産党宣言』を執筆。社会を変革する立場として、労働者階級（プロレタリア階級）を初めて位置づけた。

＊資本主義
政治経済における

ルではありません。ただ、それを前提に労働が社会の仕組みさえ変え得るというところまで論じた点がポイントです。

この労働が社会の仕組みさえ変え得るという思想こそ、彼の理想とする共産主義*にほかなりません。『経済学批判』の中でマルクスは、人間の思想や法、政治の制度などといった「上部構造」は、生産手段や生産活動といった「下部構造」によって決まってくると論じました。つまり経済活動が土台となって、それによってすべての社会制度の中身が決まってくるというわけです。

そして、生産力が生産性の向上によって生産関係にそぐわなくなったとき、その矛盾を原動力として、歴史は次の段階へと進展します。具体的には、原始共産制、奴隷制、封建制、資本主義、社会主義、共産主義と展開していきます。

したがって、**矛盾にあふれた資本主義は革命によって壊され、生産力**

1つの体制で、産業革命によって確立。生産手段を私有する資本家が、労働者の労働力を使って生産活動を行い、自由な競争のもとに富を蓄積する。

＊共産主義
政治経済における1つの体制。私有財産を認めず、財産の一部あるいは全部を共同所有して分け合うのを平等な社会と考える。

に応じた社会へと移行していかざるを得ないのです。次にくるのは、能力に応じて働き、働きに応じて分配を受けるという社会主義、あるいは能力に応じて働き、働いた量にかかわらず必要に応じて分配を受けるという共産主義にほかならない、とマルクスはいいます。

ここには**労働が善であり、働くことを軸にして1日が、いや人生が展開していく像が描かれている**といえます。労働が生命維持のためのやむを得ない営みでさえなくなれば、人間にとってのやりがい、生きがいになるとマルクスは考えていたわけです。その目的は、みんなで仲良く富を分け合うということです。

マルクスのこの理想は、美しいものではありますが、私にはどうも人間の本質をとらえ損ねているように思えてなりません。はたして人は、富をみんなで仲良く分け合うためだけに働いているのでしょうか？

もっというと、働くことは生きがいだから私たちは頑張るのでしょうか？　答えを急ぐ前に、もっと別の視点も検討してみたいと思います。

ちなみに、マルクス自身は当事者としての労働者ではなく、あくまで研究者として図書館にこもり、日夜理論を考え続けていました。当然働いていなかったので、お金もありません。そこは盟友のエンゲルスに援助してもらっていたのです。自分の子どもの面倒さえ見ることができませんでした。だからこそ、分け合う社会を理想としたのかもしれませんが、研究だけしていると、どうしても過度に理想主義に陥るのかもしれませんね。

ヘーゲル　誇りのために働く

ヘーゲル*はマルクスより少し前の時代を生きた哲学者です。**近代哲学の頂点に君臨するともいわれる偉大な人物**で、弁証法*などの概念で知られています。弁証法というのは、あらゆる物事は否定を経て発展していくとする論理のことです。簡単にいうと、マイナスをプラスに変えて発展させる論理だと思ってもらえばいいでしょう。ヘーゲルはその弁証法をあらゆる分野に適用しています。たとえば共同体論*もその1つです。

ヘーゲルは、家族や市民社会、そして国家のあり方について論じました。中でも市民社会論が働くことに関連しています。彼の市民社会論は、欲求の体系と呼ばれるもので、人々がそれぞれの欲求を満たすために、互いにかかわりを持たざるを得ないとするものです。この分析は、当時

＊G・W・F・ヘーゲル（1770～1831）
ドイツの哲学者。それまでの哲学を体系化し、ドイツ観念論を完成させたといわれる。独自の「弁証法」はマルクスなどに大きな影響を与えた。著書に『精神現象学』など。

＊弁証法
ヘーゲルによると、あらゆる物事は矛

にしては非常に鋭いものであったといえます。何しろ産業革命が始まったばかりの頃です。まだ資本主義の何たるかがはっきりしていたわけではありません。

当時、産業革命はイギリスで起こっていただけで、ヘーゲルのいるドイツではまだまだでした。その中で明確に人間の本質、市場の本質を見抜いていたのです。そしてその欲求の体系を担う一人ひとりが、労働者として働くことを肯定的にとらえていました。仕事をして、何かを生み出し、それを交換する。そうして初めて市場が成り立つからです。

したがって、**働くことは社会に役立つことであり、名誉なこと**だったわけです。そこでヘーゲルは、労働によって誇りが芽生えると考えたのです。彼はそれを**「ひとかどの人物」になる**と表現しています。みんなに認められる立派な社会人といったイメージでしょう。

なぜ人は誇りを得ようとするのか？　それは、承認されたいからです。

盾を抱えており、ある命題と、それを否定する命題があったとき、両者の対立からより高度な命題が生み出されるとする。この高いレベルでの解決方法を止揚（アウフヘーベン）という。

＊共同体論
家族、市民社会、国家などの共同体に関する議論。ヘーゲルの場合、これらは順に発展し、国家において最も自由が実現すると論じている。

ヘーゲルは承認欲求についても書いています。人間は共同体の生き物です。そこで生きていくためには、他の成員に認められることが不可欠なのです。

しかし、それは一筋縄ではいきません。ヘーゲルは承認獲得の原理を「主人と奴隷のメタファー」を用いて説明しています。たとえば、二人の人間がいたとします。人間はみな欲求を持っているので、両者はぶつかることになります。そして競争においては、常に強い方が勝つ。強い方というのは、命を賭して戦った者のことです。昔は戦いで負けた国の民が奴隷にされていましたから。したがって、勝った方は主人となり、負けた方は奴隷となります。

ところが面白いことに、主人はやがて奴隷の労働なしには生きていけないことに気づきます。逆に奴隷は自分のおかげで主人が生きていけることに気づく。これが**主人と奴隷の弁証法**と呼ばれる原理です。ここからお互いを認め合う相互承認が生まれるということです。

この理屈は、実は会社の縮図でもあります。雇用主が主人、被用者が奴隷です。最初は雇用主が圧倒的に力を持っているのだけど、それでは社員はついてこない。辞めてしまうかもしれません。そうして**雇用主が折れたとき初めて、お互いが対等な立場になる**ということです。働き方改革も、その地平からスタートする必要があるでしょう。

ヘーゲル自身遅咲きで、若い頃はずっと不遇でした。だから彼自身も承認欲求が強かったのかもしれません。遅ればせながらようやく大学に職を得ると、その後は遮二無二努力を重ね、ついには学問行政のトップであるベルリン大学の総長にまで上り詰めました。


さて、このヘーゲルの労働論は、どんな世の中になっても役立つものといえます。誇りを得ることが目的なら、どんな仕事でも、どんな労働環境でも関係ありませんから。**自分さえ誇りを感じることができればいいのです。**極端なことをいえば、給料だって関係ないでしょう。

だから誇りは職業倫理や技術者倫理の鑑のような存在です。誇りのために働いている人は、不正をすることはないからです。そんなことをすれば、一番大事なものを失ってしまいます。高度経済成長期の日本人は、このヘーゲルの労働哲学を地で行っていたような気さえします。

名もなき労働者たちにスポットを当てたNHKの番組「プロジェクトX」を彷彿《ほうふつ》とさせますが、まさに彼らは、日本経済のために時に自らを犠牲にしてでも誇りを胸に働き続けたのです。ただ、そこに問題があった点も否めません。そうした頑張りが、長時間労働や過労死*へとつながったのもまた事実だからです。そこで次に紹介したいのは、もう少し自分のために働くための労働哲学です。

＊過労死
厚生労働省のデータによると、過労死や過労自殺（未遂を含む）で労災認定された人は、2017年度は190人にのぼり、横ばいの状況が続いている。

ホッファー　自分のために働く

エ*リック・ホッファーをご存知でしょうか？　**沖仲士《おきなかせ》の哲学者とか独学の哲学者と呼ばれる異色の存在**です。沖仲士とは港湾労働者のことです。日本ではあまり知られていませんが、アメリカでは絶大な人気を誇る人物です。私も最近彼に関する本、『エリック・ホッファー　自分を愛する100の言葉「働く哲学者」の人生論』という本を出しました。

まず彼の数奇な人生を少しだけ紹介しましょう。ホッファーは、7歳の時に母親を亡くし、かつ原因不明の失明にみまわれます。ところが、奇跡的に15歳の時に突然視力を回復すると同時に、今度は父親を失います。そこで天涯孤独の身となったホッファーは、日雇い労働者として働

＊エリック・ホッファー
（1902～1983）
アメリカの哲学者。独学で哲学を学び、港湾労働者として働く傍ら、著述活動を行った。

くことになります。

ただ、再び視力を失うことを恐れて、貪るように本を読んだのです。そうして、肉体労働をしながら物を書き、世間に認められるほどの哲学者になりました。大学からも誘いを受けましたが、あえて断り、港湾労働者として働き続ける生涯を選びました。だから「働く哲学者」なのです。

そのホッファーの労働哲学は、一言でいうなら、**自分のために働く**ということではないでしょうか。もともと彼は、仕事よりも遊びが先に生まれたといいます。人間は最初遊んでいたのです。だから土器よりも土偶の方が先に造られたのだと。それが必要に迫られて働かざるを得なくなったのです。

したがってホッファーは、**仕事に最初から意義などない**といいます。やっているうちに意義が出てくるということです。私たちはよく、意義ある仕事という表現をしますが、そのとき暗黙のうちに「社会的意義」

というニュアンスで使っているのです。

だから社会的に見てどうなのかを気にするあまり、職業に貴賤を設け、いい仕事悪い仕事などと分類してしまうのです。しかし、職業に貴賤はありません。どんな仕事も同じ価値があるはずです。そうでないと、その仕事に携わっている人間自身に価値の違いを見出してしまいがちです。それは平等の視点から問題があるでしょう。肉体労働者よりも医者の方が偉いのでしょうか？　学者の方が偉いのでしょうか？

少なくともホッファーは、そんなふうには思っていませんでした。だから大学教授の仕事など鼻にもかけず、肉体労働を続けたのです。まさに言行一致とはこのことです。

そんな彼が理想とする仕事こそ港湾労働者だったのです。いや、港湾労働者として働きながら哲学をするということだったのです。現にホッファーは、自由、閑暇、運動、収入のバランスが取れているのがいい仕事だといっています。彼の場合、港湾労働プラス哲学がそのバランスをもたらしていたのです。

当時の港湾労働は、自分で仕事を選べたようです。週に何時間働くとか、1日何時間働くとかいうふうに。まさに自由なのです。それゆえに自分の時間を持つことができたのです。これは読書し、本を書きたいホッファーには不可欠の要素です。さらに、肉体を使うので運動にもなる。ホッファーは屈強な男で、運動を重視していました。まさに仕事のおかげで心身のバランスがとれていたわけです。わざわざお金と時間をかけてジムになど行く必要もなかった。大変な仕事ですから、収入もよかったのです。高給取りではありませんが、ホッファーにとっては十分だったということです。

この指標はとても面白いので、NHKのテレビ番組でホッファーを紹介したとき、ゲストの人たちにやってもらいました。つまり、**自分にとって働く際に重視している要素は何か、またその割合はどうか**と問うてみたのです。それを円グラフにして書いてもらいました。

あるコメディアンの方が、「これはそこそこのクイズ番組より難しい」と言っていましたが、たしかにそうなのです。このようなことを日頃考えることがないからです。みなさんもぜひやってみてください。自分にとって働くとはどういうことか、自分はいったい仕事に何を求めているのかが見えてくると思います。

ちなみに私の場合は、自由裁量5割、創造性3割、人間関係1割、収入1割でしょうか。商社、市役所で働いてきたので、さすがに3つ目の仕事は自由を重視しています。フリーランスならもっといいのでしょうが、アカデミズムで働きたかったので、なかなかそこは難しいものがあります。でも、できるだけ自由裁量に任される大学であれば、かなり実

現可能です。裁量労働制*の立場をフルに生かして学外でも活躍していま
す。その分成果が問われてくることはいうまでもありません。

創造性に関しては、もともと創造的なことがやりたくて哲学を志したので、本当はもっと重視したいところですが、現実問題として人間関係や多少の収入もいりますので、あえて3割にしています。でも、本当はピカソのように創造のことだけ考えて生きられたらどんなにいいだろうかと日々夢想しています。もしＡＩがそれを実現してくれるのなら、ＡＩ社会を礼賛すると思います。そうは都合よくいかないでしょうが。

人間関係は後でもお話ししますが、組織で働く以上、非常に重要な要素です。これはパワハラやお局からのいじめを経験してきた私の実体験にも基づいていますし、また一般にいわれていることでもあります。**ストレスのほとんどは人間関係に起因しています。**いちいちデータを示さずとも、みなさん納得してもらえると思います。もしわからない人がい

＊裁量労働制
労働時間を実労働時間ではなく労使協定で定めた一定の時間とみなし、賃金を払う仕組み。労働者が自ら効率的に時間配分できるなどのメリットはあるが、残業代が発生しないことから、際限のない長時間労働にもつながり得る。

れば、その人はよほど幸せなのでしょう。

収入。本当はこんなことには触れたくもないのですが、これが現実です。ここはマルクスの理想に一票を投じたいところですが、なかなかそういうわけにもいきません。必要に応じて分け合う社会なんて、理想にすぎるからです。せめて必要に応じて物を消費する生活を送りたいと思っています。ホッファーのように。こうして見てみると、私の理想はかなりホッファーの実生活に近かったように思います。まったくすごい人です。しかもそれを理論としても構築していますから。

ホッファーのような人が大学で教鞭をとり、研究をしてくれれば、きっと多くの人にとってメリットがあったでしょう。彼が港湾労働に費やす時間は人類にとってはもったいないようにも思います。しかし、本人はそんなことはお構いなしなのです。大きなお世話なわけです。彼はただ、自分がやりたいことをやってきただけなのですから。

これが自分のために働くということの意味であるように思えてなりません。人がどう思おうと、自分が満足するように働く。自分の好きな仕事をやるということです。他人の評価などどうでもいいのです。

つい私たちは、世間体を気にして、大きな会社、いい会社で働かなければならないかのように思ってしまいます。でも、それでは自分のために働いていることにならないのです。そして満足も得られないのです。

あえて私は、その自分のためという部分を「自分を愛する」というふうにとらえてみました。後でも詳しくお話ししますが、**自分を愛する働き方ができるかどうか、今それが問われている**のではないでしょうか。ホッファーの言葉は、躊躇する私たちの背中を後押ししてくれるのです。

アーレント　社会のために働く

すでに見てきたように、私たちが働くのは、社会のためだけでもなく、もちろん自分のためだけでもありません。その両方のために働くのです。そのことをユニークな表現を用いて論じてくれているのが、女性の現代思想家ハンナ・アーレント*です。

アーレントはもともとユダヤ系のドイツ人でした。かのハイデガー*の弟子で、学生時代以来、師であるハイデガーと不倫関係にあったことがわかっています。彼とのやり取りを記した情熱的な書簡集も公刊されています。ところがナチスの台頭によって、彼女はアメリカに亡命せざるを得なくなったのです。そこで全体主義*を分析する本などを書いて有名になりました。アーレントの人生自体がとても魅力的なので、興味のあ

＊ハンナ・アーレント（1906～1975）
アメリカの政治思想家・哲学者。ユダヤ人としてドイツに生まれ、ナチス政権成立後、パリに亡命。その後、アメリカに亡命。ナチズムなどの全体主義を歴史的に分析した。

＊マルティン・ハイデガー（1889～1976）

る方はぜひ彼女の自伝的映画「ハンナ・アーレント」をご覧になることをお勧めします。

さて、そんなアーレントですが、彼女は著書『人間の条件』の中で、**人の営みを仕事（Work）、労働（Labor）、活動（Action）の3つに分類**しています。労働と仕事を分けるところがまずユニークなところです。

つまり、労働というのは、人間の肉体の生物学的過程に対応する活動力を指します。食事を作ったり、洗濯をしたり、いわば生きるために必要なものを生み出す活動です。現にアーレントは、目玉焼きをつくるという例を挙げています。これに対して、仕事とは、それ以外の創造的営みです。外での仕事はここに含まれるのでしょう。彼女は作家なので、ワープロを打つことを例に挙げています。

さらに面白いのは、この労働と仕事の区別のほかに、**活動の意義につ**

ドイツの哲学者。キルケゴールやフッサールに影響を受けながら実存哲学を作り上げ、『存在と時間』で注目を浴びる。戦後はナチスに協力したとの理由で教職から追放されるが、その後、復職。

＊全体主義
すべての個人は全体に従うべきという思想。一党独裁によりこれを体現した政治体制としては、ドイツのナチス、イタリアのファシズム、旧ソ連のスターリニズ

いて論じている点です。活動とは、いわば言論による草の根の政治活動のことです。そこまで大げさなものでなくても、地域活動を思い浮かべてもらうといいのではないでしょうか。

　アーレントによると、**人間は政治的な動物**なのです。共同体で、議論して物事を決め、共に支え合っていく存在のことです。だから活動が不可欠だと考えるのです。それは狭い意味での働くこととは異なりますが、人間に必要な営みであることはたしかです。その点で、労働や仕事だけでなく、活動を取り入れた生活こそが、人間らしい生活だといえるわけです。

　逆にいうと、**働くとは、こうした3つの要素のバランスがとれていないといけない**ということです。ワークライフバランス*の話はまた改めてしたいと思いますが、ここにはアーレント流のワークライフバランスが提案されているといえます。そして、この場合のライフには、政治的生

ムなどが挙げられる。

＊ワーク・ライフ・バランス
仕事と私生活を調和させ、全体として充実した生活を送るという考え方。家族との時間や趣味の時間などを大切にすることが、仕事の成果にもつながる。

活が含まれているのです。

実はアーレントは公共哲学*の祖とも呼ばれています。政治的生活の勧めを説いているからです。私自身、哲学の中でも公共哲学を専門に掲げているので、アーレントの議論には大いに賛成するところがあります。

そもそも働くという漢字は、にんべんに動くですから、人が動くことを意味しているのです。その意味で、お金を稼げるかどうかが絶対的な要素とはいえません。現に、人のために働くというときは、必ずしも狭義の仕事を意味しているわけではないと思います。その点で、**地域活動やボランティア活動、あるいは政治活動も含めて、すべて働くということの範疇に入る**と思うのです。

もっと積極的にいうと、アーレントが主張するように、そこまで含めなければならないのではないでしょうか。そうでないと、共同体にとってはマイナスですし、ひいては国家にとってもマイナスになります。会

＊公共哲学
自分と社会をどのようにしてつないでいくか、自分が活躍しながら社会を変えるにはどうすればいいかを考える哲学の一分野。

社にとっても、今や地域と一体となって存在しているところが多いですから、やはりマイナスでしょう。地方に住んでいるとそのことを実感します。どの企業もパートナーとしての地域社会を大事にしています。地域が衰退したら、会社も衰退しますから。

　個人にとってもそうです。共同体の生き物である人間は、人のため社会のために貢献しないと、自分に返ってきます。たとえば、なんでもかんでも税金で賄えるわけではないので、ボランティアで防犯活動をしなければならないとします。それをしないでいると、自分の住んでいる地域の治安が悪くなってひったくりの被害にあうなど、実害ばかりでなく、精神的な面でもマイナスを被りかねません。孤独になったり、独善的になったりすることもあるでしょう。人間はいくら一人でいたくても、一人では生きていけない生き物なのです。

二宮尊徳　日本の労働哲学

日本にも労働哲学はあります。中でも最も有名なのは、江戸時代の農政家*二宮尊徳*の哲学です。二宮金次郎の名でも知られている人物です。貧しい家庭に育ちながらも、働きながら勉学に勤しむ姿は、日本における勤勉のモデルとなりました。かつては小学校に、薪を背負いながら読書する像が建っていたと思います。尊徳は、小田原藩などで農村復興を成功させて名声を得ると、幕府にも重用されました。

その思想は**報徳思想**といって、田の生産力を意味する天地の徳や、親や祖先の徳などを自覚し、**自己の徳によってそれに報いるのが人の道であるとする**考えです。農業は自然の営みとしての天道と、人間の働きである人道との両者によって初めて成り立つとして、天道への感謝と人道

＊農政家
農業にかかわる政策を考える思想家、研究者。

＊二宮尊徳
（1787〜1856）
江戸時代末期の農政家・思想家。通称・金次郎。幼い頃に両親を亡くし、苦学して家の再興に成功。小田原藩ほか、諸藩の農村の立て直しに尽力。

をまっとうすることの両方を説いている点がポイントです。

そしてその具体的実践として、自分の経済力に応じた合理的な生活設計を立てるという「分度《ぶんど》」と、倹約して生じた余裕を蓄えるという「推譲《すいじょう》」を求めます。もっとも、貯蓄といっても、尊徳のいう推譲は、自分のためのものではなく郷里や国家のために蓄えるという意味で、相互扶助を指しています。こうした思想に基づき、尊徳は実際に農村社会の復興に尽力しました。

尊徳の思想に影響を受けた人たちは、報徳運動*を起こし、明治以降にも大きな影響を及ぼしました。現代では日本の中だけでなく、海外の人からも勤勉思想として高く評価されています。

私が一番面白いと思うのは、自然や世の中の人々への感謝の意を表すために、**恩への報いとして働く**という部分です。その具体的実践としての分度と推譲も含むわけですが、いずれにしてもその根本には、恩返し

＊報徳運動
二宮尊徳が掲げた農村復興の方法。節約や貯蓄を推奨する。

という観念がある。これはいかにも日本的だと思います。

たしかに私たちが働くことができるのは、天の恵みや周囲の人たちのおかげです。災害ばかりではおちおち働いてもいられません。あるいは、周りの人の協力がなかったら何もできないでしょう。

もっというと、日々生きるということは、誰かのおかげにほかなりません。特定の宗教に帰依しているわけではない私でさえ、神様に感謝することはありますし、周囲の人々には常に感謝しています。ですから、働くとはそうした恩に報いることであるという思想には、なんの反論もありません。

ただやはり、それだけではないのです。尊徳の思想は美しすぎる。あえて批判的にいうと、物事の一面にすぎないように思うのです。**人間は利己的な存在です**。自分のために働くどころか、感謝すらしない人もいます。いや、何かしてもらえば感謝はするでしょうが、日々生きていることの感謝に報いるために働くという人はあまりいないのではないでしょうか。尊徳の思想はあくまで農業が中心であった時代のものです。本来それはどんな職業にも当てはまるものではありますが、なかなかピンとこないのが現実でしょう。だからどうしても、これだけでは足りないと思ってしまうのです。

小川仁志　日常の営みの1つとして働く

最後に私自身はどう考えているのか、少しお話ししておきたいと思います。たしかに、マルクスのいうように、働くことは生きがいになることもあるでしょう。また、ヘーゲルのいうように、働くことで誇りを得られるのも間違いありません。そしてホッファーのいうように、自分のために働くことをもっと意識してもいいでしょう。アーレントのいうように、ワークライフバランス、あるいは社会活動が大事なのもいうまでもありません。二宮尊徳のいうように、感謝に報いるために働くというのは、「その通りでございます」というよりほかないと思います。

しかし、それだけではなく、もっとシンプルに、日々充実感を覚え、日々満足して過ごすための手段としてとらえてもいいような気がするのです。一言でいうなら、**働くとは、日常を生きる感覚**です。その感覚を味わうための手段ということです。

人間は毎日朝起きてから寝るまでの時間を過ごしています。寝ている間は無意識なので、主体的に過ごしているとはいえません。生きるということは、目覚めて活動している時間の過ごし方をいうのです。

その時間は何をしても自由です。小さな子どもなら遊んで過ごすでしょう。学校に通うようになれば、勉強したり部活をしたりして過ごすことが多くなるはずです。大人になれば、家事も含めて働いて過ごすのです。途中でご飯を食べたり、休憩したりということもあります。

こうしてみると、**働くということだけが何か特別なことで、人間の時間の過ごし方のすべてではない**ことがわかると思います。それは人生のある一時期、しかも1日のうちの数時間かかわるだけの営みにすぎないのです。そのことを意識していないから、専業主婦が非難されたり後ろめたい思いをしたり、寝たきりの病気の方が肩身の狭い思いをしたり、退職してから心にぽっかり穴が空いたりしてしまうのです。

かくいう私も、かつて自分が働いていないことに大きな罪悪感を覚えていました。前にも書きましたが、20代後半の4年半です。26歳から30歳、まさに働き盛りの頃です。ちょこちょこアルバイトはしていましたが、きちんと朝起きて、毎日通勤して、8時間以上働いていてということをしていなかったのです。いわゆるフリーター、あるいは後半はニート状態でした。通勤の時間に布団にもぐっていると、自分がダメ人間であるかのように感じて、もう死にたいとさえ思いました。

でも、そのときの私は、夢に破れて挫折し、どうしても立ち上がれないでいたのです。時代は今ほど柔軟ではなく、会社勤めが当たり前でした。それができない人は人生の落後者であるかのような扱いを受けていたのです。後に社会復帰して、哲学を始めると、必ずしもそうした社会の常識が絶対に正しいわけではないことがわかってきました。だからこそ、**働くということの意味をもっと特殊でないこととして相対化すべきだ**と考えるようになったのです。

したがって、私の考えがすでに紹介した哲学者たちの思想と根本的に異なるのは、働くことを取り立てて労働だと意識していない点です。歩いたり、ご飯を食べたり、人と話したり、ぼけっとしたり。本来は、そのうちの1つの営みとして仕事があるだけだということです。

でも、なぜ仕事だけが特別なものとして扱われているのでしょうか？　たとえば、食べるということはあまりにも重要な営みですが、それでも食べることについて生きがいとか誇り、あるいはイートライフバランスなんてことはいいませんよね。これは他の重要な営みについても同じです。寝ることや運動すること、会話することや勉強することについてさえ。

なぜか働くこと、仕事することだけが特別なものになっており、それについては意義を論じなければならない。私はまずこの部分に疑問をもつわけです。どうしてそんなことを問うのかと思う人もいるでしょう。でも、当たり前のことに疑問をもつのが哲学なのです。

だからほかの営みと同じように、働くことを日常の営みの1つとして位置づけてはどうかと考えたのです。それは働くことを食べることや遊ぶことと同次元でとらえることであり、それゆえに働くことだけを神聖視したり、過剰に人生の使命にしてしまわないことを意味します。

働くことを神聖視すると、仕事のために他の営みを犠牲にしてしまいがちです。仕事のためなら休日を犠牲にし、家族も我慢をする。これが従来の日本の価値観です。水戸黄門の印籠のごとく、「仕事じゃー、控えおろー」というわけです。

また働くことを過剰に人生の使命にしてしまうと、就活がうまくいかなかったり、職を失ったり、あるいは仕事ができなくなったときに、過大な挫折感や喪失感を抱いてしまうことになります。そうして精神を病んでしまうことになるのです。最悪命を絶ってしまうこともあります。
仕事至上主義の呪縛から逃れて、もっと自由な働き方、幸せな働き方を手にするためには、まずこの点の認識を改める必要があるように思えてなりません。産休に入る同僚が、「ご迷惑をおかけします」といっているのを聞いて、つくづくそう感じました。誰もが経験し得るライフイベントであり、またおめでたいことなのに、どうして肩身の狭い思いをしなければならないのかと。産休という制度があるにもかかわらず。

あえてここでは、私の意見を総論的に述べるにとどめたいと思います。詳しくは、働くことについて様々な視点から検討する中で、肉づけしていきます。それでは働くとはどういうことか、また仕事とはなんなのか、第3章で詳しく検討していきましょう。

OGAWA'S POINT

1　歴史上の哲学者の労働論

労働論には様々なものがあり、

- マルクスは、富とは分け合うもので、労働こそが生きがいであると考えた
- ヘーゲルは労働によって誇りが芽生え、「ひとかどの人物」になれると考えた
- ホッファーは他人がなんと言おうと、自分のために働くべきだと考えた
- アーレントは社会活動が重要だと述べ、労働とそれ以外の活動とのバランスを重視した
- 二宮尊徳はまわりの恩に報いるために働くと考えた

2　そこから考える、小川の労働論

これらの労働論をふまえて、次のような問題を提起したい

- 働くことは、本当に特別な営みなのだろうか
- 働いていなければ、人生の落後者であるというような扱いは、おかしいのではないか
- ご飯を食べたり、ぼーっとしたり。こうした活動の１つとして、働くことをとらえ直すことで、現在の働き方にまつわる諸問題を考える手がかりになるのではないか

働くことを特別視せず、日常の一部として考えよう

03

これからの働き方を哲学する

働くとはどういうことか？

今、働き方改革が盛んに叫ばれています。ワークライフバランスはもはや当たり前、裁量労働制や副業解禁*まで。また、それとは別に、世の中にはすでに新しい働き方によって稼ぐ人たちも出てきています。ユーチューバーなどはその典型でしょう。いったい働くとはどういうことなのでしょうか？

この問題を考えるとき、少なくとも3つの視点があるように思います。**国家**、**会社**、**個人**の3つです。これは働き方改革を議論するときも同じです。国家の政策としての側面、会社の方針としての側面、そして個人の生き方としての側面があるからです。したがって、私たちは少なくと

＊副業解禁
勤務時間外に他の会社等の業務に従事すること。働き方改革の一環として、副業による自由な働き方が推進され、厚生労働省は、就業規則のモデルから「副業禁止規定」を削除。

＊テレワーク
情報通信技術（ICT）を活用し、働く

も3つの視点からこの問題をとらえるようにしておく必要があります。

場合によっては、どの視点から論じているのか明確にしないと、議論が混乱することもあります。逆に、特に断りのない限りは、どの立場からもいえる議論だと思ってください。

また、これは視点ではないですが、新しい働き方を考えていくうえで、軸になる要素がいくつかあると思います。

まず考えられるのは、**時間**と**場所**という軸です。人間が働くとき、いつからいつまで、どこで働くかということが必ず問われます。働き方改革で議論になっているのも、結局は時間と場所の問題が大きいわけです。

時間の問題でいうと、勤務時間、裁量労働、有給取得、夏休み、育児休暇、介護休暇、朝型勤務、残業、副業、フリーランスといったことが関係してくるでしょう。場所の問題でいうと、通勤、オフィス環境、テレワーク*、サテライトオフィス*、ノマド*といったことが関係してくると

場所や時間を柔軟に設定できる働き方。主な形態として、在宅勤務やモバイルワークなどが、利用頻度によって、常時テレワークや随時テレワークなどがある。

＊サテライトオフィス
サテライトとは衛星の意味で、企業の本社や本部とは別に、地方都市や住宅地などに設置された拠点。柔軟な働き方が可能になるほか、都心への通勤の混雑緩和などの利点も。

思います。もちろん両方にかかる問題もあります。たとえば、フリーランスとしてやっていくかどうかは、時間も場所も関係してきます。いずれも自由に選べるという意味で。もちろんその他の要素もありますが。

それに加えて、**重要かつ独立した軸としてとらえた方がいいのが、心の問題**です。たとえば、やる気、やりがい、自己実現、適性、待遇の問題、*同一労働同一賃金、昇進、人間関係、*ハラスメント、メンタルヘルスといったことが関係してくると思います。

このように、人間が働くということをめぐっては、時間、場所、そして心の少なくとも3つの大きな軸があるわけです。そのそれぞれをどう考え、どう組み合わせていくかで、働き方が決まってくるような気がします。本書では、必ずしもこの軸にそって順番に論じていくわけではありませんが、常にこの3つの軸を意識していることはたしかです。みなさんも時間の話なのか、場所の話なのか、それとも心の話なのか、ある

＊ノマド
ノマドは遊牧民の意味。そこから転じて、ノマドワーカーとは、モバイル通信を利用して喫茶店など自由な場所で仕事をする人。

＊同一労働同一賃金
同一企業において、正規雇用労働者と非正規雇用労働者の合理的でない待遇差を解消するもの。

＊ハラスメント
いわゆるいやがらせ。身体的暴力だけでなく、厳しく叱責されるなどの

いはこれらのどの組み合わせの話なのかということを多少意識していただくと、議論が見えやすくなるかと思います。

さて、第2章の最後の方で、私なりに問題提起をしました。働くとは、それを日常の営みの1つにすぎないととらえることだと。その意味を深く考えるためにも、ここで改めて、働くとはどういうことか哲学します。まず、他の人間の営みと比べてどんな特徴があるか考えてみます。食べる、寝る、運動する、会話する、遊ぶ、勉強するといった営みです。そうすると、次のような特徴を挙げられるのではないでしょうか。

対価をもらえる、必ずしも自発的な行為とはいえない、社会に強制されている（勤労の義務、働かざる者食うべからず）、社会の制度に左右される、社会の制度と自分の自由との関係で決まってくる、雇用関係、権力関係が生じる、義務が生じる、責任が生じる、死ぬまでやり続ける

精神的なものも含まれる。近年では、仕事上の優位な立場を利用して行われる、上司から部下へのパワーハラスメント（パワハラ）が問題化。

わけではない……。

これだけ眺めると、たしかに働くという営みは特別なものにも思えます。特に責任とか義務が生じるという点からすると、他の営みとは違って、重要なものに思えてきます。それは社会と深く関係しているからです。しかし、そう考えると、社会の都合ゆえに重い責任が課されているということもいえます。もっというと、**社会の要請によって、働くということの意義が決められている**部分があるのです。

たとえば、社会の制度にそぐわない働き方をしていれば、違法労働とされます。あるいは、社会常識に反した仕事は、そもそも認められません。社会のルールを無視すると、いくら働いていても、評価されないのです。それは服装や時間のルールといった形式的なことから、仕事の内容といった実質的な部分にいたるまで、すべて対象になってきます。

つまり、**働くというのは、きわめて社会的営みである**ということです。

まったく個人的営みであるのなら、働くということへのストレスはもっと減るでしょう。その反面、働くということがとてつもなく不安定な営みになるでしょう。これはフリーランスでも同じです。仕事である限りは、関係する人が必ず出てきますから。社会も必ず関係してきます。

いずれにしても、社会の要請によって私たちが働いているのだということが、少し見えてきたのではないでしょうか。もちろん自分がやりたいから働いているという人もいるでしょう。でも、それは本当にそうなのか、もしかしたら「常識」に絡めとられて、そう思い込んでいるだけではないのか、そう疑ってみることには意味があると思います。

やりたいからやっているという場合でも、既存の仕事のカタログの中から今の仕事を選んだにすぎない場合は、本当にやりたいことなのでしょうか。今一度、自分に問うてみる価値はあると思います。

なぜ人は働きたいのか？

なぜ人は働きたいのか、少し考えてみましょう。最初に私が学生時代シュウカツをしていた時のことを思い出してみます。たしかにあのときは働きたいと思っていました。80年代後半のバブル期でしたから、当時の大学はモラトリアム*を謳歌する場所でしかありませんでした。

だから4年間のモラトリアムを経て、さすがの私も「何かしないと」という焦燥を抱いていたのです。かといって、何か具体的にやりたいことがあるというわけでもありませんでした。シュウカツの時期になってようやく業界研究を始めたくらいです。とにかく役に立つ人間になりたかっただけです。学生のように時間と資源を浪費するだけの存在ではなく、何かを生み出す生産的な人間になりたかった。

＊モラトリアム
心理学者エリクソンが提唱した、大人になるまでの猶予期間・準備期間のこと。

人間は徹底的に浪費すると、生産がしたくなる生き物のようです。私の周りには、似たような学生がたくさんいました。総合商社を選んだのは、生産性が高そうに感じたからです。ものをつくるという意味ではなく、世の中に富や価値を産み出すという意味で。

これはあくまで遊び倒した学生のケースです。人間一般に落とし込むにはあまりに特殊ですが、それでも1つの例であることは間違いないでしょう。一般にはどうなのか、考えてみたいと思います。

第2章で紹介した哲学者たちの思想も含めて改めて列挙すると、**働く理由**として、生きるため、お金を稼ぐため、生きがい、承認を得るため、社会貢献、人の役に立つ、人助け、暇つぶし、楽しむためといったことが挙げられるように思います。学生時代の私の場合、お金を稼ぐとか承認とか人の役に立つなど、これらのうちのいくつかが複合的に絡んでいたように思います。

まだこれまでの議論で触れていない部分について、検討してみましょう。生きるためとかお金を稼ぐためというのは、当然のようですが、それでも国が生活の面倒をみてくれたり、お金をくれる仕組みになっていれば、必ずしもそのために働く必要はありません。ですから、これらの理由でさえ、決して自明のことではないのです。

前にも触れたように、たとえばＡＩが仕事をしてくれることで、その対価をベーシックインカムとして活用できるのなら、お金を稼ぐことが働くことの主目的だとはいえなくなるかもしれないのです。従来は、働くこととお金を稼ぐことがあまりにも強く結びついていたように思います。だから無理をしてしまった側面もあると思うのです。

ただ、ＡＩに限らず、社会の激変は、**働くこととお金を稼ぐこととの関係性を少なからず変えてしまう可能性がある**わけです。ほかにも、人生100年時代ともなれば、お金よりも健康が重要であるという価値観が生じてくるのではないでしょうか。これまでは、ともすればお金が一番という風潮があったように思うのです。だから健康を損なうのを承知で過剰な残業をするなどということがあったのではないでしょうか。

グローバル化によって世界の多様な幸福感が広まっていくと、お金だけがすべてじゃないという価値観が高まるでしょうし、成熟社会はそうした価値の転換を私たちに迫るものといえます。したがって、**これからはお金を稼ぐために働くという人が少なくなっていく**ように思うのです。

生きがいを得るためというのはマルクス、承認を得るためというのはヘーゲルのところでお話ししました。社会貢献や人の役に立つ、人助けといったあたりは、アーレントのところを参照してください。

暇つぶしはどうでしょう？　そんな人がいるのかと思うかもしれませんが、これは割と本質をついています。イギリスの哲学者ラッセル*は、『幸

＊バートランド・ラッセル

（1872～1970）イギリスの哲学者、平和運動家。論理哲学や数理哲学の業績のほか、『幸福論』などのエッセーも多く著している。核廃絶のためのラッセル＝アインシュタイン宣言で知られる。

福論』の中で人間がいかに暇つぶしのために苦労しているか論じています。狩りをするのも、戦争をするのも暇つぶしだというのです。

庭の世話をしていた男が、庭を荒らす天敵であるウサギを追い詰めるときに、嬉々としていたという話が印象的でした。その延長線上に戦争があると思うと、空恐ろしい感じがします。世の中の王様には、ぜひ刺激を与えてあげましょう。政治家にも。

でも、人が刺激を求めるのはたしかです。何もしないことほどつらいことはありません。ぼーっとしたいというのは、忙しいからでしょう。逆にずっとぼーっとしていたら、気がおかしくなるはずです。ただ、その場合でも、規制されると嫌になるのです。常にやりたいことがやりたいようにできるなら別ですが。ですから、暇つぶしで働いている人はたくさんいるのでしょうが、社会のルールに制約されているので、結果的には不満をもらすことになるのです。

働く理由としての成長

これに対して、成長するためというのはなかなか前向きでいいですね。別に仕事でなくてもいいのですが、仕事だからこそ、より成長できる要素があるということです。たとえば、仕事には責任も伴いますし、緊張感がありますよね。

成長を実感できると、物事を楽しむことができるものです。ただ、人はそう簡単に成長するものでもありません。会社でもすごい先輩や上司がいたりします。そういう人に憧れ、自分もそうなりたいと思うのだけれども、すぐには無理です。だから焦ってしまう。いくら努力しても停滞する時期はありますから。

でも、能や芸道の世界でいわれる守*・破・離ではないですが、最初は

***守・破・離**
日本古来の芸道での修業の段階。教えを守り(守)、様々な方法を模索し(破)、独自のものを生み出す（離）過程を示している。

守、つまり**基礎を学ぶ段階が必要**なのです。先輩について真似る時期です。そして基本の型をマスターする。この時期を耐えられるかどうかが最初の関門です。成長できる人とそうでない人の分かれ道です。

そうしてようやく破の段階に進んで、自分なりのやり方を模索することが可能になるのです。型を破っていい時期です。というか、型を破れる力がついた段階です。ここで初めて成長を感じることができるといっても過言ではありません。よく最初から型を破りたがる人がいますが、たまたまうまくいったり、注目されたりしても、後が続きません。伸びないのです。なんでも基礎が大事だということです。スポーツや芸術をやっている人はよくわかるのではないでしょうか。

その模索を続ける中で、ある日突然、離の段階が訪れるのだと思うのです。オリジナルの完成です。誰にも真似のできない人間になる。むしろ周囲の人が憧れる存在になるということです。ここでは、ある日突然という部分がポイントです。

離の段階を望んでいるうちはダメなのです。オイゲン・ヘリゲル*の『弓と禅』を読むと、その意味がよくわかります。この本の中でヘリゲルは、自らが弓を習得するまでの過程を、禅の思想と絡めて論じています。スティーブ・ジョブズ*も愛読したという名著です。そこでは、弓を始めたヘリゲルが、修業の末にようやく開眼する様子が描かれています。

的の真ん中を射たいのに、なかなかうまくできない。そしてある日無心になって弓を放ったところ、ようやく真ん中を射ることができたのです。そのとき弓は放ったのではなく、自然に放たれたのです。そしてそれを見ていた師匠が、黙ってお辞儀をして去って行ったといいます。

つまり、このとき彼は、もはや的を射ることを求めていたわけではないのです。いわば、ただ粛々と修業をしながらその時を待っていたのです。だからこそ正しく的を射ることができたのです。逆説的ですが、離

*オイゲン・ヘリゲル
（1884～1955）
ドイツの哲学者。禅の研究を行い、来日後は東北大学で教鞭をとる。

*スティーブ・ジョブズ
（1955～2011）
アメリカの実業家。スティーブ・ウォズニアックとともにアップル社を創業。マッキントッシュやiPhoneなど、数々の革新的な製品を世に送り出す。

の段階に達したければ、それを望んではいけないのです。ただひたすら破を繰り返す。そして待つ。それしかないのです。

離の段階を目指して仕事をするというのは、私にもよくわかります。たとえそのプロセスは苦しくて、茨の道であったとしても（修業とはたいていそんなイメージです）、いつか抜きん出る日を楽しみにして努力し続けるということです。それだとまだ望んでいるということになるのかもしれませんが、人間ですから多少はあるでしょう。そんな気持ちさえ克服できれば、それはそれで禅を究めたことになりますから、素晴らしいことだと思います。

そう考えると、成長することを働く目的にするのは、単に日々楽しむというのとは少し異なります。修業は必ずしも日々楽しいわけではありませんから。日々楽しむために働くというのは、なかなか難しいのです。

仕事を楽しめる幸せ

悲しい話ですが、市役所で働いているときに、ある上司がこう言っていました。「仕事を楽しんでいる人がいたら、それは運がいいのだろうなぁ」と。おそらくその上司は仕事を楽しんではいなかったのでしょう。安定しているということで公務員を選んだのだと思います。だから一日一日を無事終えることばかり願っていました。そして5時になると安堵の表情を浮かべてこうつぶやくのです。「今日も一日平和だった」と。

多くの人にとって、仕事とは楽しめるものではないのです。好きなことをやれている人は珍しい、運がいいということです。もちろん努力の結果なのでしょうが、努力が実るとは限りませんから。

そうすると、仕事を楽しむためには、欲を少なくするしかありません。

多くを求めるから、満足できないのは何事も同じです。楽しいはずと期待しすぎると、パーティも楽しめません。今日のパーティは大したことないと思って参加するから、意外に楽しめるのです。ただし、欲を少なくするというのもまた難しい注文です。仏教の修行をしてもなかなかそうなるものではありませんから。

そこで、超前向きになるというのが一番いいかもしれません。実際、なんでも楽しい要素はあるものです。私は以前、ジョギングが大嫌いでした。あんな単調なことがどうして楽しめるんだろうと思っていたのです。でも、今は大好きになっています。楽しみ方を見つけたのです。つまり、必ず楽しめると思って取り組み、楽しめる要素を見つけるということです。最初は無理にそうするわけですが、そのうち本当にそう思えるようになればしめたものです。

それでもやはりこれが理想かというと、やはりそうではないと思いいます。先ほど触れたように、既存のカタログの中から選んでいるとしたら、本当に心から楽しんでいるのか疑問が残りますし、何より働かなければならないという前提のもとに、どうせ働くなら楽しもうという意識があるとすれば、やはり問題だと思うのです。

仕事が楽しいといっている人の中にも、そういう人はたくさんいると思います。遊びと仕事を比べたら、遊びを選ぶ人の方が多いですから。**私たちは知らず知らずの間に、働くことを要求する社会の価値観に染まっている**のです。

以上のように、働くということは、必ずしも自分がやりたいからやるという営みとは違って、**多分に社会の要請である面が大きい**と気づく必要があります。では、いったいなぜ社会は私たちに働くことを求めるのか？　それは社会を成り立たせるためです。

人間は一人では生きていけません。もし一人で生きていくとすれば、毎日無人島でサバイバル生活をするようなものです。だから助け合うのです。そのために共同体をつくります。そして働くという概念をそこに持ち込んだのです。

生きていくために、共同体の成員一人ひとりが役割を果たす。これが働くということの本質なのです。だから制約が多いのです。でも、逆にいうと、働くことに伴う制約は、あくまで生きていくためですから、**生きていくということに支障が生じるなら、働くための制約は変える必要があります。**そうしないと、本末転倒になるからです。その本末転倒が起こっているのが、現代社会だといっていいでしょう。

なぜ人は働きすぎるのか？

一番悲劇的なのは、**生きていくために働いているはずが、働くことのために死んでしまう人がいるという矛盾**でしょう。過労死、うつ＊や過労による自殺……。こんなバカげたことは絶対にあってはいけません。

だから私は、第2章で結論だけ述べておいたように、働くことをもっと日常の他の営みと同じように扱うべきだと考えるわけです。食べるために死ぬ人や、寝るために死ぬ人はいません。働くということを、もっと人間の本質に引きつけて、再定義していく必要があるのです。

おそらく、死ぬまで働くなんて異常だと思っている人が多いでしょう。でも、人は働きすぎるのです。そうして気づかぬうちに心身を病んでいる。カエルはぬるま湯に入れられているうちは気持ちよくしているけれ

＊うつ
うつ病をはじめとする精神疾患により医療機関を受診した患者数は、近年増加傾向にあり、企業におけるメンタルヘルス対策も急務とされている。

ども、徐々に熱せられた結果、茹であがって死んでしまいます。つまり、環境が徐々に悪化する場合、それに気づかないこともあるのです。

人間はどうしても頑張ってしまうのです。だからこそ、徐々に無理をしてしまう。無理がきくと、またそれ以上できると思ってしまい、気づけばとんでもない量の残業をすることにもなりかねません。

働き過ぎに気づいてはいても、やめられない人もいます。お金のためだとか、パワハラが原因というのは言語道断ですが、ほかにも理由があります。たとえば、周囲からのプレッシャーのせいであったり、使命感であったり、自分との戦いと位置づけていたりするからです。

これらいずれにも通ずるのは、**仕事が最重要であるという思い込み**です。この思い込みこそが働き過ぎの元凶です。健康や命より大事なものはありません。もっと気楽に、仕事は遊びくらいに思っておいた方がいいのです。遊びが大事というふうに思うのでもいいでしょう。

遊ぶことと働くことの違い

ホッファーは、**人間の最初の営みは遊ぶことだった**といいました。これはほかにも多くの思想家が唱えていることです。たとえば、オランダの歴史家ホイジンガ*は人間を**「ホモ・ルーデンス」（遊ぶ人）**と表現しましたし、フランスの思想家ロジェ・カイヨワ*は、遊びを分類することで、人間にとって遊びがいかに重要かを論じています。

遊ぶという言葉を聞いただけでワクワクする人が多いのではないでしょうか？　それほど遊びは特別な意味を持っているのです。まず自由というイメージが強いのではないでしょうか？　誰に強制されることもなく、自由にやれる。しかも何をやってもいいというイメージです。子どもの頃を思い出す人もいるでしょう。子どもの頃は毎日楽しく遊んで

***ヨハン・ホイジンガ**
（1872～1945）
オランダの歴史家で、文化史の研究で著しい業績を残し、『中世の秋』などを著す。ナチズムを告発したことで晩年に捕らえられる。

***ロジェ・カイヨワ**
（1913～1978）
フランスの思想家、社会学者。『遊びと人間』で遊びを学問的に研究。

いたはずですから。それと今のがんじがらめの状態とを比較してしまうのはやむを得ません。

人間は自由に憧れる存在なのです。なぜか？　それは人間が動く存在だからです。手足も動くし、頭も動く。脳が働くということです。動くものは自由に動きたがります。したがって、それを拘束されたり、動きを強制されるのは苦痛でしかないわけです。頭もそうです。考えを強制されるのはつらいものです。自由に考えたいですよね。

遊びと聞いてワクワクするのは、自由という要素だけではありません。仕事と比較して考えると、おそらく不真面目という要素が浮かび上がるのではないでしょうか。仕事が嫌なのは、ずっと真面目にやらなければならないからです。それに対して、遊びというのは、真面目の対極にあります。そう、不真面目であることが求められるのです。

人間の本質は真面目か不真面目かと問われれば、私は不真面目なのではないかと思っています。だからこそ真面目な人が称賛されるし、真面目になるように説かれるのです。真面目にしなさいと怒る先生はいても、不真面目にしなさいと怒る先生はいないでしょう。**ほうっておくと、人間は不真面目になる。**つまりそれが本質なのです。

真面目にするというのは、色々気を使います。真面目とは、求められることに合わせるということです。きちんとルールを守るとか、言われた通りにやるというように。だからしんどいのです。

遊びはそんな気を使う必要はありません。ふざけてもいいのです。ただし、野球やサッカーではルールを守らなければなりません。それは遊びとどういう関係にあるのか。前述のカイヨワの議論を参照しましょう。

カイヨワは、遊びの本質を「パイディア」と「ルドゥス」という用語で説明しています。パイディアとは、即興と歓喜の間にある、規則から自由になろうとする原初的な力のことだといいます。これに対してルドゥスとは、恣意的だけれども、強制的でことさら窮屈な規約に従わせる力のことをいいます。

両者はあたかも対極的な関係にあるかのように思われますが、遊びとはそうした2つの異なる要素の組み合わせから構成されているものなのです。言い換えると、実は**遊びとは自由であると同時に、一定の規則に縛られた矛盾した営み**なわけです。

そこでカイヨワは、その組み合わせによって、遊びを以下の4つに分類しています。競争を意味するアゴン、ギャンブルなどの偶然性を意味するアレア、模倣を意味するミミクリ、めまいを意味するイリンクスです。

いずれも遊びの主たる要素であるといっていいでしょう。競争やギャンブルは説明するまでもないと思いますが、模倣には、子どものごっこ遊びから演劇までが含まれます。めまいというのは、遊びによる効果です。たとえば、ジェットコースターに乗ったときや、サーカスを見たときに得られるあの興奮のことです。

したがって、遊びといっても必ずしも幼児のように自由奔放に動き回るだけのことをいうわけではなく、ルールに従って競争するというような要素もあるわけです。そう考えると、一見遊びは仕事と正反対の営みであるかのように思われますが、必ずしもそうではないのです。

たしかに、遊びは自分が勝手にやるもので、仕事は社会の要請に基づいてやるものです。しかし、いずれも私たちがやりたくてやっていることです。欲求の実現形式の1つだということです。たとえば、コンピューターで遊ぶのが好きな人が何かゲームをつくっているとしましょう。その横で仕事でプログラミングをしている人がいる。この場合、客観的には同じようなことをしているわけです。でも、意識が違うので、遊びと仕事という区別が生じる。少なくとも一般にはそう思われています。遊びは自由だけど、仕事には責任が伴うといったように。

でも、遊びにまったく責任が生じないかといえばそんなことはありません。誰かに対して義務や約束など負うものがあれば、もうその時点で責任は生じます。明日までにゲームをつくると約束すれば、たとえ遊びであっても責任が生じますし、遊びのルールに対しても当然責任が生じますから。遊びから生じた損害についてもそうでしょう。

反対に、仕事にも自由にやれる側面はあるはずです。だからこそ、**遊びのように仕事を楽しんでいる人がいる**のです。私もその一人なのですが。一定の制約があるのは、遊びもゲームも同じです。

その意味で、遊びと仕事は本質的に違うとはいいきれないのです。昔娘が幼稚園で何かを作って遊んでいたとき、それを「お仕事」と呼んでいたのが印象的でした。幼稚園児にとっては、遊びもお仕事も同じなのです。ここで自己実現という言葉を使うと、同じ営みに見えてくるのではないでしょうか。自分のやりたいことを実現するということです。

だから仕事を遊びのようにとらえている人は輝いているし、最強なのです。仕事は遊びみたいなものですと断言する人に限って、仕事バカです。いい意味で。つまり、24時間365日仕事をしているのです。でも、本人は遊んでいるつもりです。仕事の会食も遊び、休暇中でも遊びながら時々仕事をするといった感じです。

雑誌『ゲーテ』*に登場するような人たちがその典型です。この雑誌はいい意味での仕事中毒を、ワーカホリックではなくビジネスホリックと呼んで礼賛しています。働き方改革が進む中でもこの路線で行くのかどうか気になりますが、なかなかいい線を行っているように思います。

働くとは、自分のやりたいことを実現する日常的行為にすぎない。今のところ私はそう思います。働くということに関しては、まだまだ様々な視点がありますから、さらに多面的に検討していきましょう。

***雑誌『ゲーテ』**
幻冬舎が発売する男性向けライフスタイル情報誌。文豪ゲーテのような情熱的な生き方を理想とするビジネスパーソンのための雑誌。

人生100年時代の仕事とキャリア

ここまで本書では、働くということと仕事という言葉を同じ意味で使ってきました。両者を区別せず、文脈に応じて使い分けてきたということです。ただ、厳密にいうと両者は異なります。仕事とは、する事という意味です。「仕」はするの当て字ですから。

つまり、人間にとってする事はたくさんあるわけです。そのため仕事という言葉も様々な文脈や意味で用いられます。たとえば、ちょっとした作業を意味したり、職業を意味したり、偉業やライフワーク*を意味したりと。昔「必殺仕事人」という時代劇がありましたが、あれはいったいどういう意味の仕事なのか、いまだによくわかりません。恨みを晴らすための暗殺を仕事といっていたようですが、その点では「すべきこと」

***ライフワーク**
生涯をかけて打ち込む仕事。天職として訳されることもある。

を意味していたのか、あるいは隠語なのかもしれません。仕事というのはそれほど奥が深い言葉なのです。

したがって、仕事について話すときは、どういう意味でその言葉が使われているのか敏感になる必要があるでしょう。本書では断りのない限りは「働くこと」と同義に使っていることをここで再度確認しておきます。

そのうえで、「仕事」にまつわるいくつかの点について論じたいと思います。まずは「プロの仕事」という場合の仕事についてです。いわゆるプロフェッショナルについてです。プロフェッショナルとは何か？

働き方改革関連法で*「高度プロフェッショナル（高プロ）制度」が導入されましたが、本当は**誰もがプロフェッショナル**だと思うのです。自分の仕事に責任を持ち、またプライドを持って従事しているはずです。そうでないと、ミスをしたり、事故を招いたりしてしまいますから。

答えは無数にあるでしょう。プロフェッショナルとは、責任をもって

＊「高プロ」制度
高度プロフェッショナル制度の略。年収1075万円以上の専門職に関して、本人の希望などの条件のもとに、労働時間の規制から外す制度。残業代の代わりに成果に応じて賃金を決めることで、労働生産性の向上につながるとされる。2018年の流行語大賞にもノミネートされた。

やること、妥協しないこと、顧客を満足させること、もういいと思ってもまだやること、失敗を生かすこと、誰もできないことをやること等々。

おそらくこのいずれもが求められるのだと思います。その中で、**自分が一番大事にしていること**というのがあるでしょう。それが何なのか明確にしておくことは、仕事の質を上げるうえで不可欠であるように思います。私の場合は、その仕事ならこの人と言ってもらえることだと思っています。つまり、「これは小川仁志に」と言ってもらうことです。まだまだそこまでは到達していませんが……。

次に、役割としての仕事について考えます。たとえば、「自分に割り当てられた仕事をする」といった場合、これは役割を意味していることがあります。あえて言葉にこだわっていうなら、**仕事とは「仕切られた枠の中でやる事」**という意味もあるように思うのです。

具体的には、**リーダーとフォロワーの役割分担**や、総合職、事務職、専門職といった区別です。リーダーとフォロワーについては、上司と部下という関係や、社長から新入社員、アルバイトといった関係、さらにはプロジェクトのリーダーと他のメンバーといった関係が考えられます。

いずれにしても、引っ張る人と従う人というふうに二分することができる関係です。リーダーシップ*とフォロワーシップ*の研究については、それだけで1冊本が書けるくらい深いものがあるのですが、ここでは本質的な事柄を指摘するにとどめたいと思います。

それは、この区別は物事をスムーズに進めるための工夫にすぎないということです。リーダーが偉いわけでもなく、また必ずしもこの区別が絶対的に必要なわけでもないのです。あくまで目的があって、その目的を効率よく遂行するためにそれが求められるというだけの話です。

では、どういうときにリーダーとフォロワーを区別した方がいいのか。

＊リーダーシップ
指導者としての能力や素質のこと。

＊フォロワーシップ
部下やリーダーを補佐する役割としての能力、素質。

簡単にいうと、やるべきことがある程度決まっているときです。完全に決まっていれば、みんなそれがわかっているはずなので、リーダーのように導く人はいりません。信号が青に変わったとき、誰か一人が先導する必要はないでしょう。みんな一斉に渡るだけです。

逆に何も決まっていない場合は、リーダー一人に委ねるのは不安です。人類が初めて経験するような出来事に遭遇したとき、そう簡単にリーダーを信用して従うなどということはできないはずです。つまり、フォロワーシップが成立しないのです。みんなが物事を理解できない場合も同じです。赤ちゃんの集団を率いるのは不可能でしょう。お母さんが抱っこして連れて行くしかありません。

これに対して、ある程度方向性がわかっていることについては、リーダーがいれば、その人に従った方が効率よく物事が進みます。自分たちもある程度はわかっているので、その人の指示に従いつつ、動くことができます。多くの事柄はこの状態にあると思います。仕事のほとんどがそうでしょう。だからリーダーとフォロワーを分けた方がいいのです。

したがって、**「方向性や大事なことがある程度わかっている」という状況を全員が確認すること**です。その内容を含めて。そのうえで、リーダーを選出すべきです。リーダーになった人もフォロワーになった人もその前提のもとに、適切な行動をとる。それが自分の役割を果たす、すなわち自分の仕事をきちんとするということになるのです。

最近はリーダーシップとフォロワーシップが流動的に入れ替わるような柔軟でフラットな組織が求められたりしますが、それでもその時々でリーダーかフォロワーのいずれかの役割を分担していることには変わりありません。あくまで状況に応じて役割を変えているだけのことです。

ただし、これは資質という面では重要な話になってきます。従来はリーダーの役割を担う人と、フォロワーに徹する人は資質によって明確に分けられていました。リーダータイプとそうでないタイプです。リーダーとして働くには、たとえば人々を引っ張ることができ、また全体に目配りすることができ、かつヴィジョンをもっていること等の特別な資質が求められたのです。

もちろんそうした資質は経験によってある程度高まりますから、長く勤めるほど上の役職に就くという仕組みになっていたのです。ところが、中には長くいただけでは伸びない人もいます。そういう人をリーダーにしても、効率が上がらないのです。そこで、年長者を重んじる日本社会でも、さすがに年功序列は時代遅れだということで、今では比較的能力を重視するようになってきています。

「能力」という言葉は、かつてはリーダーとしての能力とイコールだったのですが、最近では専門性の高い領域も増え、その場合柔軟にリーダーとフォロワーが入れ替わる必要性が出てきているのです。そこで、フォロワーとしての能力、あるいは**柔軟に役割を入れ替われる能力が必要とされる**ようになってきています。

総合職*、事務職、専門職の区別についても、基本的には今リーダーシップとフォロワーシップについてお話ししたことと同じ議論が当てはまります。ただ異なるのは、専門職の位置づけです。一昔前と違って、組織の中における専門職の位置づけがより重要になってきているように思います。とりわけＩＴ分野においては技術が複雑高度化し、かつ重要度を増しているからでしょう。それに伴って専門職の存在意義が高まり、総合職として出世していく道よりも、専門職としてのキャリアを選ぶ人が増えてきているのです。先述の「高プロ」制度も影響して、この流れは今後ますますトレンドになっていくように思われます。

今キャリアという言葉を使いましたが、これは仕事に似ていますが、少しニュアンスの異なる言葉です。本書ではあまり使ってきませんでし

＊総合職
様々な業務を経験しながら、将来的には基幹的な業務に従事する職種。それを補佐する一般職と区別される。

たが、これについても一言触れておきたいと思います。一般にはキャリアアップ、キャリアを積む、キャリアチェンジ*などというふうに使います。

キャリア(career)の語源は、馬車の轍《わだち》だといわれます。つまり、馬車が走った後にできる道の跡のことです。その意味では、足跡、成し遂げたものを表しているととらえることができるでしょう。この言葉の由来に鑑みると、私たちは、**自分の未来から見た現在を意識しつつ働いていかねばならない**といえるのではないでしょうか。そういうニュアンスで働くことや仕事をとらえる場合は、本書でもキャリアという表現を使いたいと思います。

では、自分の未来から見た現在とはどういうことか? それは**なりたい自分から逆算する**ということにほかなりません。誰しも夢があるでしょう。なければ、まずそれを設定することです。できるだけ具体的に。修正はいくらでもできますので、仮でいいのです。

***キャリアチェンジ**
これまでの職務内容とは大きく異なる職務内容へ移行すること。蓄積した経験を生かしづらい可能性もあるが、モチベーションが高まったり、隠れていた能力が開花したりするメリットがある。

たとえば私だったらこんなイメージでした。37歳で本を出し、46歳で大学教授になり、59歳で大学のトップである総長になる。実はこれ私が大学院時代に研究していた偉大な哲学者ヘーゲルの人生なのです。彼と私はちょうど200歳差です（ヘーゲルが1770年生まれで、私が1970年生まれ）。遅咲きだったヘーゲルは、37歳の時に名著『精神現象学』を発表し、その後ようやく大学にも職を得て、徐々に頭角を現していきます。そして最後は当時の学問行政の頂点であるベルリン大学総長にまで上り詰めるのです。だから30過ぎて哲学を志したとき、まさに彼の背中を追おうと決めたのです。

ちなみに、私が最初の本を出したのは37歳のときで、44歳で大学に移りました。59歳で大学のトップになれるかどうかはまだわかりませんが、可能性はあります。つまり、今のところほぼ予定通りキャリアを歩んでいるということです。

次にその夢をかなえるにはどうしたらいいか、何歳までにこうなっている必要があるというふうにいくつかの節目を定め、自分の人生をさかのぼって年表をつくります。そうして今にたどり着くということです。これなら今何をすべきか明らかになるはずです。

何歳までに何をしておくべきか、その１つひとつの節目を着実に実現していくことを、キャリアを積むと呼ぶのです。繰り返しますが、これは計画にすぎませんから、**いくら変わっても問題ありません**。大きく変える場合をキャリアチェンジと呼んだりします。人生１００年時代には、何度かそういうこともあるでしょう。その場合でも、決してそれまで歩んできたキャリアは無駄にはなりません。きっと何かに生きてくるはずです。ぜひ恐れることなくキャリアチェンジしてください。

やりがい・適性・転職についての誤解

さて、少し前にやりがいというキーワードが出ていました。これについて掘り下げて考えてみたいと思います。というのも、多くの人が「やりがいのある仕事がしたい」とか、反対に「仕事にやりがいを感じない」といったことをよく口にしているからです。はたしてやりがいとは、そんなに大切なものなのでしょうか。

私の答えはイエスです。そもそもやりがいというのは、とても説明が難しい言葉です。辞書で書かれている意味さえよくわかりません。大辞泉によると、「そのことをするだけの価値と、それにともなう気持ちの張り」とあります。わかりますでしょうか？

つまり、価値があることで、それにかかわれることをうれしく思う気持ちといえばいいでしょうか。だとするならば、仕事にやりがいを求めるのはよくわかります。せっかくかかわるのですから、価値がある方がいいでしょうし、また前向きに取り組んだ方がいいでしょうから。

ただ、**やりがいのある仕事なるものが存在するのかどうかは別問題**です。*森《もり》博《ひろ》嗣《し》さんがまさにそのような本を書かれています。『「やりがいのある仕事」という幻想』（朝日新書）です。私もそう思います。やりがいのある仕事とは、自分がそう思うだけであって、別に絶対的に価値がある仕事があって、それをやらないとやりがいを感じないかというと、そうではないわけです。だから、みんな異口同音にやりがいを唱えつつも、人によって選ぶ職業が異なってくるのです。

客観的に見ると、仕事なんてどれも同じですし、どれをやってもいいのです。職業に貴賤なしです。それでも現実には貴賤が生じているのは、社会が作り上げた装置みたいなものにはめこまれてしまっているからで

＊森博嗣（1957〜）日本の小説家、工学博士。

す。

医者や弁護士はいい仕事でやりがいがあるけれど、肉体労働はよくない仕事でやりがいがないなどというふうに。でも、そんなことはまったくないのです。給料が違うという人がいますが、給料イコールやりがいではないはずです。それに給料が違うというのも、ただ社会が装置の中でそう決めているだけのことです。現に、違う装置、たとえば社会主義国家なら、どの職業でも給料は同じにできます。適性で職業が異なるだけです。

今、適性といいましたが、これもまた曲者です。適性で仕事を選ぶ人が多いですが、何が向いているかは、やってみないとわかりません。だから私は若い頃に二度も仕事を替わることになったのですが。たとえば最初商社に採用されたときは、私も向いていると思いましたし、採用する側も適性があると思ったのでしょう。でも、結果としてはそうではなかったのです。

今思えば、企業情報をどれだけ集めてもその仕事がわかるわけではありませんし、採用者も面接だけで適性など判断できるものではありません。さすがに最近はインターンシップを経て、お互いに様子を知ったうえで採用という形式が増えていますが、それでも実態はわからないものです。最低3年くらいは働いてみないことには。

現に3年で会社を辞める若い人が多いのですが、それは3年もすれば、自分が向いているか、だいたいわかるからです。つまり、どんな仕事も適性で選ぶというのは大変で、手間も時間もかかることなのです。それに3年たって向いていると思っても、仕事の中身だって多少は変わるでしょう。また配置換えがあれば同じ会社で別の仕事みたいなものです。そうなると、また3年ほど適性を見ることになる。で、また異動。

そう考えると、適性で選ぶというのははたしていいのかどうかです。

＊3年で会社を辞める
厚生労働省のデータによると、3人に1人の若者が3年以内に離職する傾向。サービス関連の業種での離職率が高い傾向にある。

そうやって適性を重視する人が、転職を繰り返しているような気がします。でも、転職では一向に「天職」には巡り合えない。青い鳥症候群*のようなものです。

誤解のないようにいっておきますが、**転職自体は悪いことではありません。**むしろいいことだと私は思っています。自分も何度か転職したからこそ、今の仕事に巡り合えたわけですから。ただ、**適性を基準に転職することの是非**を問うているのです。

また、天職の存在についても、やり方次第では決して青い鳥ではなく、本当に捕まえられる鳥になると思います。そのためには、もっと別の基準で仕事を変えていくべきでしょう。それは好きか嫌いかという基準です。これは適性とは大きく異なります。向いていなくても好きならいいのです。逆にいくら適性があっても、嫌いならだめなのです。

向いていてかつ好きなら最高ですが、そうでなくても、好きならなん

***青い鳥症候群**
高い理想を求めて環境を変えることを繰り返す傾向。チルチルとミチルが幸せをもたらす青い鳥を探す旅をする童話に由来。

とかなります。趣味に置き換えるとよくわかると思います。趣味の場合は、下手でもやり続けるはずです。しかも嬉々として。それと同じなのです。

そんなことをいうと、趣味と仕事は違うと反論する人がいます。でも、その違いは本質的なものではないのです。仮に給料をもらっているとか、社会的責任が生じるといった部分に着目したとしても、ある意味では些細な違いです。もっと大事なのは、趣味も仕事も生きるために続けることだという点です。

引退したら、趣味をしながら生きていく人もたくさんいます。お金持ちなら趣味に生きるでしょう。専業主婦（主夫）でそういう人がいるかもしれません。そのような視点で見ると、趣味も仕事も同じです。要は**毎日のように続けられるか**ということです。嫌いな趣味というのは考えにくいですが、いくら向いていても嫌いなら、２日と続かないはずです。

人間が物事を継続するというのはそう簡単なことではないのです。なのに仕事というのは継続することが前提になっている。だとすれば、好きでないとやっぱりつらいのです。

子どもたちがなりたい職業に、ユーチューバー*がランクインしているといいます。なぜ人気なのか？　決して安定しているとはいえないのに。それはユーチューバーたちに共通するスローガンを見ればすぐわかります。「好きなことで生きていく」です。彼らは自分の好きなことをやって、それを動画で披露しているだけです。にもかかわらず広告料でお金が入る仕組みになっている。こんなに素晴らしいことはないのです。

＊ユーチューバー
動画共有サイト「YouTube」に動画を投稿する人のこと。4つのチャンネルを運営する有名ユーチューバー・HIKAKINの動画の総再生数は90億回を突破しており、動画で紹介した商品がヒットするなど、大きな影響力を持つ。

シュウカツをどうすべきか

シュウカツをしている学生を見ると、悲しくなってきます。好きなことで生きていくどころか、好きでもないことで生きていくための洗礼のようになっています。同じ髪型、同じ服、同じキャラクター、同じ面接でのPR文。まずそうやって好きでもない自分になり、好きでもない「いい会社」に面接に行くのです。

これではすぐに辞めてしまうのも無理ないでしょう。私は転職推進派ですから、会社を辞めること自体は問題ないと思います。むしろいいことですらあります。転職して、いろいろな職や環境を経験することは、人生トータルで見るとプラスですから。でも、期待外れで辞めるのはもったいないと思うのです。

逆説的ですが、**会社に期待などしなくていい**のです。そうして予想に反していいところならラッキーですし、予想通りダメなら転職すればいいのです。ただし、すぐにではなく、しっかりと準備してからです。

私は最近学生にこうアドバイスしています。シュウカツなんてそんなに気合入れなくていいと。そうでないと、人格否定されたみたいに落ち込んでしまうからです。第一希望に入れるのはラッキーくらいに思っておいた方がいいのですが、なかなかそうは思えないみたいです。だからあえて過激なアドバイスをしているのです。

つまり、**最初の就職先なんて比較対象でしかない**と。私もそうでしたが、学生に会社の実態はわかりません。学生だけでなく、外からはわからないものなのです。ですから、実際に働いてみて初めていいか悪いかがわかるのです。そして悪いことばかりが目につくはずです。隣の芝生は青く見えますから。ということは、どこに就職したとしても、しばらくすれば辞めたくなるのです。

雇用が流動化している今だと、実際に辞めます。ですから、最初の職場は長期インターンシップくらいのつもりでいいのです。そう思えれば、第一希望じゃない方が辞めやすくなるのでいいわけです。私がこんなふうにアドバイスすると、みんなホッとするようです。期待しない方が人生はうまくいくのです。

言い換えると、**期待しないで就職するということは、いわば戦略的に辞めることができる**ということです。最初から3年とか5年とか自分の中で期限を設けて、着実にキャリアアップし、時期をうかがうのです。そうすれば、いい転職ができるだけでなく、タイミングを逃して抜け出せないような状態に陥ることもないでしょう。人間関係とかが特にそうです。たとえば、恩人ができてしまって辞められないとか。社内結婚しても、間違っても上司に仲人などを頼んではいけません。

人間関係がすべて⁉

人間関係はもしかしたら仕事を選ぶうえで好き嫌いの次に大切なことかもしれないからです。意外に思われるかもしれませんが、よく考えてみてください。毎日顔を合わせて、一緒にコミュニケーションをとる人間が、嫌な人だったらどうしますか？　家族やクラスメートがそうなら、そこから逃げ出したくなりますよね。それと同じです。

私は市役所で働いていたときに、先輩からこんな話を聞いて、まさにその通りだと思いました。先輩によると、どの部署に異動になるかなんて重要ではないというのです。それよりも誰と一緒になるかが重要なのだと。あたかも人間関係がすべてだといわんばかりでした。

一般の企業でも、紙切れ１つでどこでも行かないといけないのですから、ある意味そこでこだわっても仕方ありません。それより、パワハラ上司やいじめ体質のお局がいるような環境は最悪です。そのせいで仕事に行きたくなくなることさえあるでしょう。これもまた私の経験済みの話です。だから自信を持っていえます。

最近は、**人間関係の苦手な人は、フリーになる**という手もあります。フリーランス*という働き方は増える一方のようです。海外ではかなり広がっていますが、『フリーランス白書2018』によると、日本でもすでに1000万人以上いるといわれています。フリーランスの人を支援する組織もできています。

たしかに身分は不安定になりますが、フリーの名の通り、人間関係からは自由になれます。人間関係がネックになるなら、いっそそういう選択をするのもいいかもしれません。何かをとれば、何かを諦めざるを得ないのが人生です。その代わり、選んだもので勝負すればいいのです。

＊フリーランス
個人事業主あるいは個人企業法人のこと。特定の組織に所属せず、自らのスキルを提供することで対価を得る。

捨てたもの以上の成果を挙げることができれば問題ないわけですから。

私も何度もフリーになろうかと考えましたが、結局できていません。でも、それには2つ理由があるのです。1つは捨てたもの以上の成果を挙げる自信がないということ。つまり、大学教授のポストを捨ててまで得られるものは、なかなかないと思ってしまうのです。哲学者として活躍する限り、アカデミズムのバックグラウンドは有効ですから。

それに加えて、もう1つ理由があります。それは、人間関係にもはや苦労していないということです。長年の失敗を経て、ようやくうまく立ち振る舞えるようになったのです。今はむしろ人恋しいくらいです。大学教授は個人商店みたいなものですから。ちなみに、教授間の人間関係は一般によくありません。

とはいえ、人間関係を選べる職場は少ないでしょうし、誰もがフリーランスになれるものでもありません。したがって私たちにできるのは、少しでも人間関係をよくすることだけです。そのためには全力を尽くすべきでしょう。たったそれだけのことで、嫌な仕事がいい仕事に変わるのですから。正確にいうと嫌な職場がいい職場に変わるということですが。

たとえば、上司やお局にはさからわないのが一番です。ゴマをするのもいいでしょう。ちょっといやらしいかもしれませんが、それくらいやらないと、人間関係はよくなりません。これは生きていくための処世術ですから、自分か相手かのどちらかが異動するまでは、そうして生き延びるよりほかありません。

もう少し建設的なアドバイスとしては、相手を無理にでも好きになることでしょう。これは不可能ではありません。どんな人でも少しくらいはいいところがあるものです。そういう部分に目を向けるのです。そうすれば、ちょっとはましになります。うまくすれば、本当にいい人間関係が築けるかもしれません。それで得られるものの大きさに鑑みれば、試してみる価値はあると思います。私は嫌な人にいつもお土産を買って行ったり、おべっかをいうようにしています。でも、それがきっかけでよく話すようになるのです。

私がこんなアドバイスをするたび、よく「あの人だけはどうしても無理」という答えが返ってきます。その場合は、まずしっかりと分析をすればいいのです。なぜ自分はその人のことが嫌いなのか。**嫌な点をリストアップする**といいでしょう。そのうえで、なぜその部分が嫌なのか1つずつ考えていくのです。

たとえば、相手があなたの陰口をいっているのが嫌だとしましょう。でも、それはなぜだか考えるのです。そうすれば、その人があなたにコンプレックスを抱いているとかいうことに気づくはずです。もしそうだとすれば、相手は哀れな人です。逆にあなたには嫉妬されるくらいいいところがあるのですから、むしろ誇らしく思えばいいのです。こんなふうに考えることができれば、嫌な部分も薄まるのではないでしょうか。

人間関係というのは基本的には相対的なもので、自分の態度次第で相手も変わります。現に自分が嫌いな人は、相手も自分を嫌っていることが多いですよね。ですから、自分が相手を褒めれば、相手も褒めてくれます。褒められて嫌な人はいませんから。

褒めるというのは難しいことですが、その分うまくできれば絶大な効果を発揮します。恋人でも子どもでも、上司でも部下でも同じです。うまく褒めることができれば、いい人間関係が築ける。褒め上手になれれば、人間関係で悩むこともなくなるのです。

叱って育つ人もいますが、それはリスキーです。特にパワハラに敏感な今の時代は。ですから、褒めて育てる方針の方が絶対にお得です。

給料・休暇・残業改革

給料、休暇、残業量といった待遇は、仕事を選ぶときにある程度比較検討することができます。特に給料。仕事をして対価をもらうわけですから、その対価が多いほどいいということです。お金をもらって困る人はいないでしょうから、これは理に適っています。私も最初総合商社を選んだときは、正直この要素もかなり重視しました。

ただ、そのためにどこまで犠牲にできるかです。給料が高いのはいいけれど、その分きついとか、ストレスが多いとか、休暇がないとかいうのでは、満足度が損なわれてしまいます。**給料がいいだけでは、そのまま働くことの喜びにつながらない**点に注意が必要です。

そこに大きく休暇が影響してきます。私は働き方改革もいいけれど、

休み方改革を真剣に議論した方がいいと思っています。ただ休みが取れるというだけではなんの意味もないからです。休みは効果的にとって初めて人生に意義をもたらします。だからといって、休みのときに何かしないといけないといっているわけではありません。ぼーっと時間を過ごすのでもいいのですが、それを計画的にやるべきだと思うのです。

そもそも休暇とは何か、一度考えてみる必要があるでしょう。何を休むかというと、働くことを休むのです。なぜ働くことを休むのか？　そこがポイントです。ここには働くということが苦だという前提があります。だから肉体的にも精神的にも休みが必要だと考えられています。

人間は何かをすれば疲れます。機械のようにずっと同じ営みを続けることは不可能です。これは遊びについても、寝ることについても当てはまります。ずっと寝ていると疲れるものです。私は寝正月にいつもこれを実感します。それで後悔して、その後1年間寝過ぎずにすんでいます。一度お酒を飲み過ぎると、しばらくはおとなしくしているのと同じです。

話を戻しますと、働くことは苦で、疲れるから休むということになるわけです。反対に、働くことが苦ではなく、疲れることもない限りは、休む必要はないのです。人間は機械ではないので、**機械的に休んでも意味がなく、時間で管理しても仕方ない**ともいえるわけです。もっと別の要素、たとえばモチベーションが下がったり、ストレスがたまったり、集中力が落ちたりしたら休めばいいのです。それは人によって違うはずですから、一律に何時間と決めること自体ナンセンスです。

休みたい人が休めず、休みたくない人に休みを強制するといったおかしなことが起こらないような制度を検討すべきでしょう。本書の冒頭でも有給休暇取得義務の運用開始のニュースを紹介しましたが、なんでも義務にしてしまえば解決という、安直な発想は改めるべきです。それだと単に仕事を家に持って帰るだけといった馬鹿げた結果を生みかねません。何事もそうですが、形式的にやっても意味がないのです。定時になっても働く人には飲み代を払ってもらうとか、電気を切るとか、そういうことをしてもパフォーマンスに終わるだけです。

そういえば、昔市役所で勤めていたとき、ゴミを減らすために職場からゴミ箱をなくしました。でも、みんなポリ袋を机の横にかけて、それをゴミ箱代わりにしていたのです。人間が生きている限り最小限のゴミは出ますから、仕方ありません。職場に溢れるポリ袋を見て、みんなで大笑いしたのを覚えています。

だからもっと本質を見なければならないのです。そのうえで、**本当に休みたいときにいつでも気軽に休めるようにする**のがベストなのです。これが本当に組織に求められる休み方改革です。

さて、そうして本当に休みたいときに、人は何をすればいいか？　これは個人に求められる休み方改革の話です。働くことが苦で、かつ疲れたら休むという休みの本質に鑑みるなら、働く以外のことをすればいいのです。ずっと寝ている必要はありません。働くということに対して疲れているだけですから、その他のことをして疲れても、問題ないのです。

むしろ気分を切り替えるために、積極的に何かをした方がいいでしょう。その結果、積極的に寝るというのももちろんありです。私がいいたいのは、働くという営みと並列で休むという営みがあって、そのいずれも種類が違うだけで、同じ人間の営みだということです。そして働くということについては計画的に遂行するのだから、休むということについても計画的に遂行すべきだといいたいわけです。

そう考えることで、休むという行為は働くという行為と同じくらい意義あるものになりますし、充実したものになると思うのです。もっというと、働くことが主で、休むことが従だという考え方も改められるでしょう。そうでないと、いつまでたっても休むという行為に後ろめたさを覚えなければなりません。それが有給休暇取得の足枷になっているのです。働くことと休むことは種類が違うだけで同じ人間の営みだという共通認識ができたとき初めて、真の働き方改革＝休み方改革は成し遂げられるといっていいでしょう。

こうした考え方は、**メンタルヘルスの維持**にも有効です。ほとんどの心の不調は、ゆっくり休むことで解消される側面もあります。私も、長い時は1週間以上休んだと思います。心と身体がつながっていることもあるでしょう。心が病んでいるということは、身体が疲れているのです。だから身体を休ませれば、心もましになるのです。

私は睡眠をものすごく重視しています。研究の際には高度に頭を使うので、よく寝ていないとできないということもあります。作家業もそうです。とはいえ、忙しいときはそんなにゆっくりと寝ていられませんから、どうしても睡眠不足になるのです。そういうときは、ネガティブになります。半分うつのような状態になることさえあります。哲学で人の悩み相談をやっているのに、自分がうつではシャレになりません。睡眠不足というのはそれほど危険なことなのです。よく寝て、休みをしっかりとる。これが心の健康を維持するための王道です。

そんな心の健康を維持するためには、残業に対する考え方も改める必要があります。一般に残業は悪だと思われています。名前からして「残」がつきますから、明らかに残り物、つまり正式なものではないのです。きちんとやっていれば、また正常な状態であればやる必要がないことだといえます。

ただ、人間には想定外のことが起こります。世の中もそうです。となると、残業は当たり前なのです。ですから、まず私はこの名前から変えなければならないと思っています。**残業ではなくて、「遊業」**です。物事にはある程度のゆとり、幅がなくてはいけません。ハンドルの遊びと同じです。この遊業の「遊」の字はそんなニュアンスでとらえてもらうといいでしょう。だから義務でもなんでもなく、**働くかどうか本人に委ねられる時間**になります。

　そうすると、残業が悪だという考えはなくなります。一応は正式な業務の一部なのです。だからといって、働くことを強いられるということではありません。むしろその逆です。自由裁量なのですから。これであれば、残業になってしまった部分も苦しむことなくやれるはずです。

　要は、ゆとりをもって働くということです。ここで遊業の具体的イメージをお示ししようと思うのですが、その前にいくつかの場合分けをする必要があるでしょう。というのも、残業と一口にいっても、人によっておかれた状況は異なるからです。まず、残業をしたくないのに事実上やらなければならない状況にある人、次に残業をしたいのにやらせてもらえない人、さらに裁量労働制をとっていることから残業の概念がないにもかかわらず、無理な仕事量を与えられている人等。

残業をしたくないのに事実上やらされている人については、一刻も早く救済する必要があります。違法になるような場合は、ある意味解決は簡単です。会社に違法な行為をやめさせると同時に、本人も思い切って残業をやめることです。そのためには前に述べた仕事至上主義の呪縛から逃れる必要があるでしょう。この場合はどう考えても残業が遊業になることはあり得ません。

これに対して、**残業をしたいのにさせてもらえない人**については、会社も杓子定規な取り扱いを改め、本人とじっくり話し合い、可能な範囲で認めていく必要があるでしょう。働くことが自己実現の１つとして大きなウエイトを占めている場合は、そうしたきめ細かな配慮をしていかなければなりません。一律ダメというのでは、社員の意欲を削いだり、かえって負の効果を生み出しかねません。ジタハラ*もその1つです。その人にとっては、時間外に働くこともまた遊びと同じくらい意義があるのです。残業イコール遊業になるということです。

さて、問題は**裁量労働制でかつ業務量が過大な場合**です。この場合は、残業という概念は当てはまらないものの、事実上の残業であることには変わりありません。いくら裁量労働について了解しているというものの、放置するわけにはいかないのです。したがって、残業を強いられている人と同じ扱いをすべきでしょう。業務量を減らす必要があります。

では、**積極的に残業をしたいわけではないけれど、どうしても残業が生じてくる場合**はどうでしょう？　これは先ほどの3つのケースとは異なりますが、まさにこのケースこそ遊業の考え方が効果を発揮する場面

***ジタハラ**
「時短ハラスメント」の略。残業時間削減のための具体策がないまま、上司が社員に残業を禁止したり、定時退社を強要する行為をいう。2018年の流行語大賞にもノミネートされた。

といえます。

たとえば、ある仕事を1日8時間の勤務の中で仕上げると計画していたとします。ところが、いろいろ想定外のことが起こり、10時間かかってしまった。このとき残業は2時間になります。遅くまでつらい延長戦を戦わなければなりません。でも、8時間かかると思えば、最初から8時間プラス遊業2時間と設定しておくのです。これは最初から10時間の仕事として設定するのとは異なります。それだともう2時間かかるでしょう。

遊業時間はあくまでプラスアルファなのです。したがって、それより早くできれば文字通り遊べます。にもかかわらずお金はちゃんと10時間分もらえる。これがインセンティブとなる効果も期待できます。仮に本当に10時間かかっても、それは織り込み済なので、苦痛は少ないはずです。それ以上かかった場合は、強制終了にする。ここも通常の残業との違いです。

よく、働きたいのに残業させてもらえないという声も聴きますが、遊業の発想からすると、やればいいのです。残業はよくありませんが、遊業の範囲であれば、それはその人にとっては自由時間みたいなものです。文字通り遊びながらの業務です。それでいて仕事に関係あることをするので、お金ももらえる。会社にとってもプラスになるので一石二鳥です。

それと同時に、個人も組織も、本当に必要な業務なのかどうか、常に意識して見直していく努力が必要でしょう。仕事というのは、ほうっておけば拡大していきます。日々拡大しているといっても過言ではありません。したがって、**いかに仕事を減らしていくかを考えなければならないのです。**それは簡素化ということもありますし、やらなくていいことは止めるということでもあります。

よく会議の時間が長いことが指摘されますが、会議はいくらでも短くできます。本当に話し合わなければならないことだけにしぼって、情報共有やささいなことはメールですませばいいのです。1時間以上の会議は不要なだけでなく、有害ですらあります。

資料作成にも同じことがいえるでしょう。仕事のほとんどを資料作成に費やしている人がいますが、あくまで手段ですから、本末転倒になっては困ります。日本ではきれいなノートを作ることを小学校の頃から強制されますが、**ノート作りを目的化してはいけない**のです。肝心なことはどう頭に入れるか、そしてその知識をどう使いこなすかです。ノートのきれいな人が成績がいいわけではありませんから。

会議資料でも、たいていは準備したほどの効果はありません。本人の自己満足です。いや、上司が安心材料にしているだけです。**常に最小限の資料でいく**という方針を掲げるべきです。

仕事のやり方改革 デザイン思考へ

会議の時間を短くしたり、資料作成の時間を省くというのは、まだ抜本的な改革とはいえません。仕事のやり方そのものを大きく変える方法があります。つまり、**仕事という営みの再定義**といってもいいでしょう。

とりわけ日本人は真面目できっちりとしているので、その分仕事のやり方が非常に効率の悪いものになります。たとえば、みなさんの仕事のやり方はどうでしょうか。個人ではなくても、会社のやり方を考えてもらってもいいです。

最初にきっちりとスケジュールを立てて、その通りに進めていくのではないでしょうか。そして、想定外のことが起こればパニックになる。最悪の場合、その仕事は失敗として、諦めてしまう。大幅にスケジュールを遅らせて、なんとかやり抜くということも多いですね。時間とコストをかけまくって。何しろ真面目ですから。

いかがでしょうか、誰しも心当たりがあるのではないでしょうか。こうした仕事のやり方が、長時間労働を生んだり、ひどい場合にはハラスメントにつながったりしているのは明らかです。ストレスでメンタルもやられるでしょう。

これではイノベーション*が起こらないのも当然です。予定したことを予定通りにやる、いや、予定したことを予定を遅らせてやるだけですから、むしろ時間が経ってタイミングを失している分、予定よりも成果の価値は落ちるかもしれません。その意味でも問題なのです。

したがって、仕事の進め方そのものを大きく変える必要があるわけです。そこで最近注目を浴びているのが**デザイン思考**です。様々な定義が

***イノベーション**
革新や新機軸と訳されるもので、経済発展の大きな要因であるとされる。

ありますし、別の名前で似たような考え方をすることもあります。たとえば、デザイン科学とか、課題解決とか、あるいはプラグマティズム*と呼ばれたりします。

プラグマティズムというのは、アメリカ発の思想で、実用主義などと訳されるように、デザイン思考の元になっているような考え方です。そこで、ここではこれらいずれの思考にも共通する大事な要素だけ紹介したいと思います。

それは、**観察、発想、試作**の三要素です。プロジェクトを想定してもらうとわかりやすいと思います。デザイン思考というのは、いわばプロジェクトをデザインするということです。デザインには設計という意味もありますから。それと同時に、デザイナーのように考えるということもいわれます。

プロジェクトを開始するにあたっては、まずいったい何が問題なのか、

＊プラグマティズム
19世紀末にアメリカで生まれた行動を重視する哲学思想で、パース、ジェイムズ、デューイが体系完成期の代表的思想家。実用主義と訳されることもある。

事態をよく観察しなければなりません。そのためには調査をするのが普通です。マーケティングですね。その分析を受けて、色々なアイデアを考えます。これが発想の段階です。

そして案を出したら、今度はそれを実装するためのプロトタイプをつくります。これが試作の段階です。プロトタイプは試作品ですから、当然テストします。評価ですね。この試作と評価を繰り返すことで、完成品が出来上がるわけです。これは物を作るプロジェクトに限らず、どんなプロジェクトにも当てはまるプロセスです。本番前に、試しにやってみるということはあるでしょうから。

ここで気づかれた方がいるかもしれませんが、従来の仕事の発想と大きく異なるのは、**あらかじめ完成品とその工程をガチガチに固めていない**という点です。真面目な日本人は、制度設計がしっかりしていないと、物事を進めることができない性分なのです。だから遅くなるのです。実社会で設計通りいくことなんてありません。

これに対して、やりながら改良していく発想だと、いくらでも柔軟に対応できます。そして、うまくいったところで完成にすればいいのです。場合によっては時間で決めてもいいと思います。「はい、そこまで」ということで。もともと絶対のゴールを定めなければ、それもありでしょう。永遠に先の見えないつらい作業を続けるようなこともなくなります。

さらに、このやり方なら、**思わぬところでイノベーションが起こる可能性**もあるのです。予期しないことを起こすような仕事のやり方をしているのですから。

つまり、デザイン思考が流行っているのは、単に1つのビジネスフレームワークが流行っているのとはわけが違うのです。デザイン思考という名称自体はそのうち飽きられるかもしれません。でも、こうしたモノの考え方、とりわけ仕事のやり方としてのデザイン的なものは、ずっと残るものと思われます。

その証拠に、大学でもこうしたモノの考え方、プロジェクトのやり方を、あたかも専門科目のようにして取り入れるところが出てきています。そして企業からも高い評価を受けているのです。私の勤めている大学の学部も、その先端を走る1つです。私たちは**デザイン科学**と呼んだり、教育に取り入れているので、**課題解決学習**と呼んだり、あるいは卒業研究のプロジェクトの場合は、**PBL**[*]（Project Based Learning）と呼んだりしています。

考えてみれば、プラグマティズムのように150年近い思想のバックグラウンドがある思考ですので、一時的な流行りのフレームワークとは一線を画するのは当然なのかもしれません。

＊PBL
Project Based Learning の略。課題解決型の学習のこと。Problem Based Learning の略とされることもある。自ら能動的に課題を発見し、解決する能力を身につけることに主眼を置くもので、小学校から大学まで教育界におけるトレンドとなりつつある。

生産性改革

先ほど、デザイン思考的発想で仕事をするとイノベーションが起こるといいました。働き方改革においては、どうしても時間削減などの消極的な改善ばかりが注目されますが、イノベーションに代表されるように、**もっと生産性*を上げれば、解決できることはたくさんある**と思うのです。

このようにいうと、決まっていわれるのが、削減こそが生産を上げることになるという点です。たしかに時間削減や人員削減といった消極的改善は、すぐに成果が出ます。とりわけ人件費はどの業界でも高くついているはずなので、それを削減すれば、全体としてはあたかも生産性が上がったように見えますが、それは急場をしのいだにすぎません。真の意味での改革にはなっていないのです。

＊生産性
生産量を労働投入量で割った比率。主に、一定の労働時間あたりの生産量で表される。売上を上げるかコストを下げるかの方法で論じられることが多い。

たとえるなら、体を軽くした方が動きがよくなるからといって、痩せすぎて体力が落ちてしまっては意味がありません。しっかりと鍛えて体力をつけつつ、無駄なものを落とすのが理想なのです。

したがって、真の意味での改革をするためには、真の意味での生産性を上げなければなりません。つまり、本当にすごいことをやらないといけないのです。イノベーションに象徴されるように。イノベーションが求められるのは、これまでの商品や物事のやり方とはまったく違うものを生み出すからです。だからスマートワーク*が叫ばれるのです。

同じもの、同じやり方だと、変化は得られません。ところが、異なるやり方だからこそ、異なる結果が得られるのです。電話をいくら小さくしていっても、スマホは生まれなかったでしょう。サイズではなく、電話の考え方を変えてパソコンと一緒にしたからこそスマホが生まれたのです。そしてもちろん、そのおかげで企業だけでなく個人も含め、世界

＊スマートワーク
ICT技術を活用することで、多様な働き方を実現すると同時に、効率化によって生産性を上げる新しい働き方を指す。

中の人たちの生産性が上がりました。iPhoneを発表したときスティーブ・ジョブズが受けた喝采は、未来の生産性向上に向けられたものだったのです。

『生産性』の中で伊賀泰代さんが詳しく書かれていますが、**イノベーションと生産性には強い相関関係がある**のです。どうも企業ではそこのところが誤解されているようです。両者は両立しないものだと。決してそんなことはありません。

考えてみれば、イノベーションなんて新しい名前でいうから現代っぽく聞こえますが、要はまったく違うやり方ということです。その意味では、誰も気づかなかった新しいやり方をするという「コロンブスの卵」*も似ていますし、歴史上の多くの発明などはイノベーションそのものです。つまり、イノベーションもまた単なる流行りではなく、普遍的な概念だといっていいでしょう。

＊コロンブスの卵　「新大陸の発見は誰にでもできる」と言われたコロンブスが、人々に「ゆで卵を立てられる者はいるか」と尋ね、誰もいなかったのを見て、卵の底を割ってテーブルの上に立てたという逸話。誰かがやった後では簡単に見えることでも、最初に成し遂げるのは難しいということのたとえ。

反常識の労働スキル

イノベーティブな労働スキルも働き方を変えます。いわば反常識の労働スキルです。日本の常識は世界の非常識といわれますが、世界と比較すると、おかしいことや非効率なことが見えてきます。

日本のやり方でうまくいっているならいいですが、もはやそうではないのです。たとえば、今飛ぶ鳥を落とす勢いのアマゾン*を見てみましょう。成毛眞さんが『amazon』の中で紹介しているのですが、なんとアマゾンのCEOベゾス*は、**協調することを否定している**といいます。なぜなら、協調すると個のアイデアが犠牲になるからです。ベゾスは個のアイデアがより優先される組織を目指しているのです。

これに対して日本は協調性が美徳であるかのように思われているふし

＊アマゾン
世界最大級のオンラインショッピングサイトで、その運営企業。ネット書店としてスタートし、様々な商品を扱うようになった。

＊ジェフ・ベゾス
アメリカの実業家で、アマゾンドットコム創業者。金融アナリストなどを経て、1995年にアマゾンドットコムを創業。

があります。協調性の問題は、たしかにベゾスのいうように、日本では個のアイデアとトレードオフになっています。異見は意見ではないのです。私の住んでいる山口では、「いけない」ということを方言で「いけん」というのですが、まさに異見は「いけん」なのです。

コミュニケーションといえば、日本のノミュニケーションは、国によっては誤解されてしまいます。男の同僚やお客さんだけで夜の飲みに行く習慣が普通ではないので、単に同性愛の集団かと思われてしまうのです。たしかに海外では家族やカップルで出かけるのが普通ですから。

私もよく思うのですが、本当に接待なんて必要なんでしょうか。本当にお客さんも望んでいるのかどうか疑問なのです。早く帰りたいのが本音なのに、そういう慣行だから仕方なく付き合っているだけのような気もします。それに接待が仕事の成果につながっているとも思えません。

かつて私が勤めていた商社は、当時は夜遅くまでの接待が当たり前でしたが、今は110運動をしています。酒席は一次会のみ、夜10時までということです。それでも業績は伸びています。

おかしいと思っても止められないのは、**日本人が心配性だから**だと思います。止めたら失敗するんじゃないかと思ってしまうのです。本当は大丈夫なのに。たとえば、中国人は頻繁に「没問題」（問題ない）といいますし、インド人は「ノープロブレム」が口癖です。逆に日本人は石橋だとわかっても渡ろうとさえしません。中国やインドの経済が伸び、日本が下降気味にあることと関係しているのでしょうか。

中国と比べると違いはたくさんあります。私も中国で働いていたことがあるのですが、何より**労働者優先**なのには驚きます。日本人にとってお客様は神様です。しかし、中国の人は自分重視なのです。時間になれば帰るし（時間になってないのに帰る人もいましたが）、自分が叱られるくらいなら、ミスを進んで告白することもありません。それは職業倫理としてどうなのかと思いますが、働き方としては考慮してもいいのかもしれません。なぜなら、中国人に限らず、フランス人なども圧倒的に顧客よりも労働者優先です。ある意味それは健全な発想だともいえます。

先ほどの心配性ということでいうと、日本人は仕事にかかわらず、物事を心配し過ぎのような気がします。先住民の中には、未来の観念がない人たちがいるそうです。「今日」しかないのです。そうなると、仕事どころか人生の心配もなくなります。だからうつ病も自殺もありません。当然働き方も変わるはずです。彼らはその日生きるだけの食料だけあればいいのです。だから余計なことを考えずに仕事にも集中できるのです。

先住民から学べることはたくさんあります。たとえば『ピダハン』の著者ダニエル・L・エヴェレット*によると、アマゾンのピダハン族には数字の概念がないといいます。そうすると、序列という考えも出てこな

＊ダニエル・L・エヴェレット
（1951〜）
アメリカ人の宣教師・言語人類学者。ピダハン族と暮らすことにより自らの生き方を問い直す。

いのです。そのおかげで上下関係がなく、上司も部下もいないのです。それでもうまく集団を営めているのはすごいと思います。パワハラ問題が頻繁に起こる日本の会社は、会社のアマゾンよりも南米のアマゾンに社員研修に行った方がいいのではないでしょうか。

心配性を克服するためのもう1つの方法は、**気持ちのコントロールをうまくする**ことです。とりわけ仕事に関して役に立つのは、『人生の旅人たち』で有名な作家バルタザール・グラシアン*の次の言葉です。「やさしい仕事であれば難しい仕事と考え、難しい仕事であればやさしいと思って、それぞれ取り組まなければならない」（『賢人の知恵』）。

難しい仕事はやさしいと思えばいい。こんなにわかりやすい表現はないと思います。まさにそういうことなのです。それよりも大事なのは、逆にやさしい仕事を難しいと考えよという部分です。というのも、心配性の人は決まって自信過剰になったり、油断したりしがちだからです。

＊バルタザール・グラシアン
（1601～1658）
スペインの哲学者・神学者。イエズス会の司祭で、多くの著作を残した。

最後にもう1つ、愛というスキルについて書きたいと思います。愛と仕事がどう関係あるのかと思う人もいるかもしれません。特に日本では、愛は仕事の邪魔にしかならないと思われがちです。不倫はもちろんのこと、恋愛や家族愛ですら、仕事の邪魔になると思われているのです。

ところが、フランス人はまったく違います。彼らはよく愛に生きているといいますが、話を聞いていると、どうも性生活と仕事の相関関係を肯定しているようにしか思えません。私の友人にも、パートナーとの性生活を活力に、仕事に専念している人がいます。たしかにプライベートが充実していないと仕事に集中できないようには思います。日本はセックスレス大国だといわれますが、そこから改善していく必要があるのかもしれません。戦後のキャッチアップが至上命題だったときはそれでも頑張れたのでしょうが、それがなくなった今、現に経済は低迷しています。**まずは恋人や家族を愛する**ことから始めてみるのはどうでしょうか。

ベーシックインカムの導入

働き方改革の議論の盛り上がりとともに、**ベーシックインカム**という言葉も最近よく耳にするようになりました。この考え方自体は18世紀末からあるようですが、今、ＡＩのおかげで再び注目を浴びているのです。最低所得保障政策として、国家が生活していけるだけのお金を国民に支給するという制度です。前に遊びながら仕事をするということについて論じましたが、ベーシックインカムが実現すれば、これはもっと当然のことになるでしょう。

もし最低限の生活ができるお金を保障すれば、プラスアルファを稼ぐための労働は**限りなく遊びに近くなる**はずだからです。生きるために働くのと、プラスアルファを稼ぐのとでは気持ちが違ってきます。

今やＡＩの進化によって、日本においてベーシックインカムを導入する可能性も高まってきたのではないでしょうか。そうすると、**人々はますます創造的な仕事に従事する**ことになると思うのです。なぜなら、ＡＩが単純労働を引き受けてくれるはずですし、そこにベーシックインカムが加わるわけですから。

そんなことをいうと、誰もが創造的な仕事ができるわけではないという人がいます。でも、ここには2つの誤解があります。1つは、創造的の意味です。もう1つは、教育も変わるという点です。1つ目からいきましょう。私がここで創造的といっているのは、かなり幅広い意味です。必ずしも誰もがピカソになりましょうといっているのではなくて、もっと機械にはできない仕事をやりましょうという意味です。その場合、会話とかケアとかそういう複雑なコミュニケーションも含みます。後からお話ししますが、人間臭い仕事と言い換えることもできるでしょう。

２つ目の教育についてですが、創造するということのニーズが高まれば、それなりに教育も変わるはずなのです。今はそういうニーズがないから、機械的に作業ができるような人間になるための教育をしているにすぎません。だから人々に創造力がないのは当然なのです。知識の暗記ばかりしていて創造的になれるわけがありません。

ところが、学校で朝から晩まで芸術をやっていたら、誰だって創造力が養われるはずです。みんなが創造力があるわけじゃないという発想は、あくまで現状の教育や社会を前提にしたものにすぎません。

イノベーションを起こせる人材が必要なら、まずは人々を創造的にすることです。それはベーシックインカムのような大胆な経済改革と、創造重視の大胆な教育改革をすることによって初めて可能になるのです。

結局、働くとはどういうことか？

第3章では働くということについて、様々な視点から考察を加えてきました。なぜ働くのかに始まり、休日や残業、そして人間関係の話、ベーシックインカムまで、実に幅広いテーマを扱ってきたと思います。

これらをすべてまとめて、結局働くとはどういうことかという問いに答えるのは、無理な注文です。でも、あえてその無理な注文に答えてみたいと思います。一言でいうと、それは**うまく生きていくということ**になるのではないでしょうか。

働くというのは、日常の営みの1つにすぎないという話を第2章でしました。それを受けて、具体的に働くことに関する様々なテーマを掘り下げていったわけですが、いずれもうまく生きていくための術をお話しする結果になったような気がします。つまり、もともとそういうつもりで論じ始めたのではないわけですが、結果的にそうなったということです。

考えてみれば、働くことが日常の一場面にすぎないとすれば、私たちはその日常の一場面をうまく切り抜けようとするのは当たり前です。休日をどう過ごせばうまくいくか、人間関係をどうすればうまくいくか、常に考えているのだと思います。

逆にそう考えれば、どんなことについても答えが見えてくるのではないでしょうか。これからも新しい制度ができたり、働き方の選択を迫られることがあるでしょう。でも、その都度うまく生きることを念頭に置いておけば、答えが出せるように思うのです。

後は、それが実際にできるように努力するだけのことです。次章では、そのためのトレーニング方法についてお話しします。

OGAWA'S POINT

1 働き方についての視点をまとめると

働き方には３つの視点がある

› 国家×会社×個人の３つの組み合わせで、様々な議論が展開されている

› 時間×場所×心の問題もある

2 本末転倒の働き方を避けるには

› 報酬や社会のためなど、何か目的があって働いているはずが、そのために心身を酷使してしまっては本末転倒

› 休むことを強制するだけでは、根本的な解決にはならない

› 休みを必要とするときに気兼ねなく休みを取得できる「休み方改革」が必要

› デザイン思考で、これまでにない価値を生み出す「イノベーション」を起こそう

3 遊びのような創造性が必要

› 遊びと仕事は、本質的に違うものとは言い切れない

› テクノロジーが進歩することで、人間に求められる仕事はよりクリエイティブなものになる可能性が高い

› 創造性はトレーニングで磨くことができる

うまく生きていくために、働き方を変えていこう

04

価値ある人間になるための
トレーニング

AI社会に備えるトレーニング

ここまでのところで、どういった働き方が理想なのかは、だいたいおわかりいただけたかと思います。本章では、そうした働き方を実現するためにも、**自分自身が変わるためのヒント**を提示したいと思っています。

私はよく頭のトレーニングについて書くのですが、そもそもトレーニングという言葉が大好きなのです。最近は身体のトレーニングも始めたのですが、どんどんはまって、マニアックになってきています。

なぜトレーニングが好きかというと、それによって人間は変わることができるからです。これは頭も身体も、そして心もです。前に人間は不完全な存在だと書きましたが、それは伸びしろがあるということでもあります。しかも無限にあります。そういえば、「訓練する」を意味する英語のｔｒａｉｎの語源は、「引っ張る」というものです。だから電車のｔｒａｉｎと同じなのですが、要は伸びしろを引っ張ることができるということだと思うのです。

そして**どこまで伸びるかは、やり方次第**なのです。トレーニングの仕方次第で伸びる人もそうでない人もいる。これは教育と同じです。福沢諭吉*が『学問のすゝめ』で述べているように、もともと平等なはずの人間に差が生じるのは、きちんと学ぶ人とそうでない人がいるからです。

人間の能力はまだ完全には知られていません。未知なのです。人間の身体は宇宙と同じくらいまだ謎だという研究者もいます。だからこそ鍛えがいがあるのです。鍛えれば鍛えるほど成果が出るし、予想外のことも起こる。それが人間という未知数的存在の面白さです。

＊**福沢諭吉**（1835〜1901）幕末から明治にかけての思想家・教育者。慶應義塾大学は諭吉の開設した蘭学塾に始まる。『西洋事情』『学問のすゝめ』などを著す。

まず、ＡＩをはじめとするテクノロジーの変化に対応するためにはどうすればいいか？　テクノロジーも色々ありますが、やはりここでは、今一番危惧されているＡＩを念頭において議論を進めていきたいと思います。もっとも、この場合の答えは簡単です。ＡＩにない部分を鍛えればいいわけですから。

私はＡＩに足りないのは人間らしさであり、そこが人間の強みだと思っています。ＡＩの弱点を10個挙げてみましょう。つまり、①常識がわからない、②計算しかできない、③経験がない、④意志がない、⑤意味がわからない、⑥身体がない、⑦本能がない、⑧感情がない、⑨柔軟性がない、⑩曖昧さがわからない、という点です。

逆にいうと、人間はこれらの能力をみんなもっているわけです。とりわけここで強調したいのは、**感性**と**意志力**、そして私が**未知力**と呼ぶ3つの能力です。この3つのトレーニング方法についてお話しします。

まず**感性**。これは感情といってもいいのですが、人間が理屈抜きに物事を感じる能力を指します。理屈はＡＩの得意とするところです。物事を論理的に考えるというのは、いわば計算のようなものなのです。ところが、それを超えて物事を考えるには、感性が必要になります。

そもそもなぜ理屈を超えて物事を考えなければならないのかが問題ですが、一言でいうと、世の中には理屈だけではうまくいかないケースがあるからです。人間は複雑な生き物です。感情も持っています。計算機ではありませんから。そんな人間がつくる仕組みや、しでかすことがらというのは、常に割り切れないものなのです。だから理屈だけでは片づかない。そこで感性が役割をはたします。

感性で判断すると、理屈上はおかしいけれど、なぜかしっくりくる。これが人間のまともな感覚です。きっとＡＩは首をかしげることでしょう。特に日本には義理人情という言葉があるように、感性が強く求められます。なかなかアメリカのような訴訟国家にならないのはそのためです。白黒つけるのはよくないとさえ思っていますから。あいまいな方が心地よいのです。

したがって、私たちはこの感性を鍛えるべきでしょう。やり方は簡単です。もっと詩や歌を楽しんだり、絵画や映画を観たり、自然を眺めたりするということです。そんな当たり前のことかと思われたかもしれませんが、はたしてどれだけこうしたことに時間を割いているでしょうか？　忙しさを理由に、小学校以来詩なんてつくったことないとか、もう何年も自然なんて眺めていないという人が多いのではないでしょうか。

美術の時間や音楽の時間は、感性を磨くためにあったはずです。それを大人になるとやめてしまうのです。だから感性が鈍ってきます。それを取り戻すには、自分で美術や音楽の時間を設定すればいいのです。本書では何も無理なことを勧めるつもりはありません。忙しい日常の中で、ほんの少し意識すればできることをお伝えしたいだけです。それだけでも大きな変化が起きるはずですから。

そうして感性を鍛えれば、**AIがフォローできない部分をカバーすることが可能になる**のです。ＡＩの判断にどうも納得がいかない、あるいはしっくりこないというとき、人間が感性を使って考えることで、納得のいく答えを出すことができるのではないでしょうか。ここで感性を生かせないと、人間がいる意味が薄まってしまうように思うのです。

次は**意志力**についてです。ＡＩには意志はありません。長生きしたいとか、モテたいとか、もっと計算が速くなりたいとかいった意志さえないのです。ところが人間は、意志をもっています。しかもその意志次第で、物事をやる度合いが変わってきます。なんでも長続きする人は意志の力が強いからです。我慢できる人もそうです。

人間のエンジンは意志力だといっても過言ではないでしょう。したがって、意志力を鍛えれば、ＡＩに負けることはないでしょう。分野によっては負けるかもしれませんが、少なくとも人間が得意な分野で勝つためには、意志力が必要なのです。

では、どうやって意志力を鍛えるか。それはどんな時に意志が強くなるかを考えてみればすぐわかります。強い目的があるときです。ということは、常に強い目的を設定するようにすればいいのです。そんなに目的が強くない場合は、強制的に強くするのです。たとえば、不便を解消するために発明が必要だとしましょう。でも、よほど不便でなければ、みんな努力しません。だからまずマインドコントロールするのです。自分はどうしてその発明がしたいのかと。

これもそんなことかと思われるかもしれませんが、何かそれほど目的意識が強くないことをやるとき、みなさんはいちいちマインドコントロールから始めているでしょうか？　多分そうではないはずです。なんとなく始めてしまって、それですぐ挫折するということを繰り返しているのではないでしょうか。ちゃんと続けられるかどうかは、意志力にかかっており、その意志力は目的意識にかかっているのですから、それが弱い場合は、マインドコントロールが不可欠なのです。

そうして意志力を身につければ、**AIにリーダーシップをとられることはない**でしょう。世の中をどういう方向に導いていくかは、人間の強い意志に委ねられるのです。たとえそれがAIの計算結果とは異なったとしても、強い意志で押し通せばいいのですから。

未知力に行きましょう。この言葉は私の造語です。人間は未知の存在なので、その力を生かしましょうということです。AIもたしかに無限の可能性を秘めています。でも、あくまでそれは、計算をベースにした思考という範囲での話です。人間の場合、その行動力も含め、計り知れない部分があるのです。

人類が誕生した７００万年前、人間がＡＩを生み出すことを想像した人がいたでしょうか？　いいことばかりではありません。二度の世界大戦やホロコースト＊もそうです。はたしてそんなバカげたことをするなんて、いったい誰が予測したでしょう。つまり、人間というのは突拍子もない存在なのです。優れてはいるけれど、決して完璧ではない。そうした意味での未知数の存在なのです。

だからこそ、未知数をプラスの方向に向け、力にしていけるとすれば、とてつもない可能性を秘めていることになります。では、どうやってそんな未知力を鍛えるか？　私が考えるのは、どんどん行動することです。何事も臆せずやってみる。トライする。それだけのことです。そうすることで、未知の可能性を試すことができます。

＊**ホロコースト**　大虐殺を意味し、特にナチスによるユダヤ人への迫害を指す。

私たちはなんでも、やる前から決めてかかってしまう癖があります。賢くなればなるほど、人間は慎重になるのです。でも、それでは未知の事柄に挑戦しなくなってしまいます。だから、あえて大胆に、選ぶことなく行動するのです。先入観を捨てる。いわば食わず嫌いをなくすということです。そういう習慣を身につけることで、自分でも知らなかったような新しい能力が開花するに違いありません。

未知数のＡＩに対抗するためには、人間自身が未知数になる必要があると思うのです。そうして初めて、**ＡＩを超える発想が可能になる**はずだからです。

人生100年時代に備えるトレーニング

次に、人生100年時代を生き延びるための能力についてお話ししていきましょう。ここでは**計画力**、**体力**、**進化する力**の3つを挙げたいと思います。

人生100年もあると、さすがに長期的計画が必要になります。勢いで生きて、後は老後だから死ぬのを待つだけというような生き方はできません。平均寿命*が80歳を超えている今でも、そんなわけにはいきませんし、何よりこれまでと違って、いつまでも働き続けるのが前提です。そうなると、自分で自分を100年間養っていくための計画が求められるのです。

当然のことながら、計画というのは、長期*計画があって、そのもとに

＊平均寿命
ある集団の0歳時点での平均余命。2017年の日本人の平均寿命は女性87・26歳、男性81・09歳で、過去最高を更新した。

中期計画、短期計画が立てられます。そして1日1日をどう過ごすかが決まってくるのです。ですから、計画を立てるというのは、割と大変なことになってきます。

もちろん修正するのは可能ですし、それもまた計画力に含まれます。つまり、計画などというものは狂うのが前提ですから、それをいかに軌道修正していくかこそが計画力のカギを握るのです。

１００年の人生の中では、思わぬ落とし穴もあるでしょう。あるいは、完全に計画を変更しなければならないような大きな出来事もあると思います。それでも諦めることなく、生きていく覚悟も必要です。計画力もそこまで織り込み済みだと最強でしょう。

とりわけ大事なのは、いかにインプットし、キャリアを形成していくかです。つまり、これまでと違って、一度学校を卒業したら、それでもうキャリアが決まるという事態ではなくなります。したがって、人生で

＊長期計画・中期計画・短期計画
経営計画においては、長期計画（10年程度）、中期計画（3～5年）、短期計画（1年）に分類され、長期的なビジョンである長期計画から、徐々に短期計画に落とし込むのが一般的。

何度か学び直し[*]、その都度それを新しいキャリアに生かすという生き方が標準になるはずです。そのための計画をきちんと立てておかなければならないのです。

では、どうやって計画力を鍛えるか？　計画倒れに終わる人や、計画的に物事を進めることができない人はたくさんいます。そういう人は、ぜひ手帳に翌日の計画を詳しく書いて、その通りに実行してみてください。普通はそんなバカげたことはしないでしょう。予定は予定ですから、別に違う行動をとってもいい。その方がより効率的な場合もあります。でも、これはトレーニングですから、あえて予定通りにやってみるのです。

すると、まず無理な計画を立てたことに気づきます。だから以後計画に余裕を持たせるようになります。と同時に、計画通りにやれた自信もわいてきます。これを時々やると、計画力がつきます。子どもの頃、夏休みに毎日の予定を立てたのと同じです。たいてい無謀な予定を立てて、

*学び直し
社会人になった後で改めて学び直し、またそれを生かして働くというサイクルを繰り返すリカレント教育の整備が検討されている。

宿題などは最後に一気にやるはめになるのですが。しかし、人生100年時代はそういうわけにはいきません。あとほど余裕を持てるように計画しなければならないのは、いうまでもありません。

計画力さえしっかりと身につけることができれば、人生は100年だろうと200年だろうと恐れることはないはずです。10日間生き延びるための食料を初日で食べてしまった人は死を待つのみです。それを10日分に分けられた人だけが生き延びる。**長期戦の成否を握るのは計画力**にほかなりません。

さて、**体力**はどうか。意外に思われるかもしれませんが、哲学者の私が今一番力を入れているのは、この体力です。思考力でも創造力でもありません。なぜか？　それはそろそろ危機を感じているからです。これまであまりにも体力を軽視してきました。ところが、50を前にして、またこれから続くかもしれない長い人生の後半戦を想起すると、そんなことではもたないような気がしてきたのです。

つまり、人生を自分の身体で歩きされるか、支えきれるか不安になってきたということです。若いうちはそれでもなんとかなります。いくら運動不足でも歩くことはできますし、日常生活も不便はありません。しかし、これからはわかりません。身体が衰える一方なのは、なんとなく感じ始めています。だから今のうちに身体をつくっておかないといけないと思ったのです。しかもこれが最後のチャンスだと。もっと若いうちからやっておけばよかったのですが。

いくら長寿でも、自分のことが自分でできなくなったら、つらい日々を送らなければなりません。やむを得ない場合は仕方ないのですが、もし未然にそうした事態を防げるなら、それに越したことはないでしょう。しかもちょっとした努力でできるなら。

体力をつけるためのトレーニングというと、なんだかしんどそうに感じるかもしれませんが、これも簡単なもので大丈夫です。２０１８年、ＷＨＯ＊が世界の成人の約３割が運動不足であると発表しました。そして、１週間で１５０分以上のウォーキングなどを推奨したのです。１週間で１５０分ということは、１日20分ちょっとです。１日20分歩くなんて、１つ前の駅で降りるとか、階段を使うなどすれば、すぐに達成できます。その程度でいいのです。それだけで１００年健康でいられるなら、ぜひやるべきだと思います。

ちなみに私の場合、毎日１時間半くらいはトレーニングに時間をかけています。当然平日の昼間は大学の仕事が忙しいので、夜にやることになります。だいたい10時半から12時くらいです。朝型の人は早朝でもいいでしょうし、もっと短い時間でも問題ないと思います。

メニューは、前半の45分がワークアウト（筋トレ）、後半の45分がジョ

＊ＷＨＯ
世界保健機関。病気の撲滅や健康増進のために活動する国連の専門機関。本部はジュネーブ。

ギングです。いつまでもこのペースでできるとは思いませんが、まだかろうじて40代ですので、これくらいは可能です。2か月もやれば10数キロ体重が落ち、メタボ解消です。

トレーニングの継続は、健康にいいだけでなく、メンタルも強くします。中年になってこういうことを続けるのは割と大変だからです。仕事もありますし。だから自信になるのでしょう。運動不足でメタボのときは、65歳の定年まで身体が持てばいいと思っていましたが、今は100年間現役で頑張れそうな気がしています。日々頑張るためには、この「そんな気がする」というのが大事なのではないでしょうか。

進化する力についてお話ししましょう。先ほど計画力のところで、学び続けなければならないといいました。それは長い人生において、次のキャリアにつなげるためです。しかし、ただそれだけでなく、自分自身が進化していく必要があるのです。

そうでないと生き残っていけないからです。何十年かごとにやることを変えて、キャリアチェンジするのはいいですが、その都度自分が成長し、それまでの人生がプラスになるようにもっていかなければならないのです。そのことを私は進化と呼んでいます。

別に激しい勝負をし続けようなどといっているわけではありません。のんびり暮らすためにも、進化は必要だと思います。いや、のんびり暮らすためにこそ、進化しなければならないのです。たとえば、テクノロジーについていけなければ、うかうかしてられないでしょう。財テクを学んで進化した人はのんびり暮らしています。保険の知識や法律の知識もそうです。

では、どうすればいつまでも進化し続けることができるのか？　そのためのトレーニング方法としては、成長記録をつけることです。なんでもいいのですが、自分が成長していることを実感できれば、進化することに敏感になりますから。たとえば、毎日覚える英単語の量を記録していくとか、ダイエットなら数値を毎日記録するとか。人間として進化していることを実感するのはとても大事なことです。その認識こそが、進化を目指す人間をつくるのです。

こうした進化する力を身につければ、**長い人生を戦い抜くことができるだけでなく、人生が楽しくなる**のではないでしょうか。日々進化する自分を見るのは楽しいものです。衰えを実感するだけの毎日だと嫌になってきますから。

少子高齢化に備えるトレーニング

少子高齢化にはどう対応していけばいいか。これは政府の問題であって、自分一人ができることはないと思いがちです。でも、決してそんなことはないのです。むしろ一人ひとりが変わることで、事態はよくなるはずなのです。それに、少子高齢化社会を生き残っていくためには、少なくともいくつかの能力を磨く必要があります。

私がお勧めするのは、**利他心**、**協調性**、**発想力**の3つです。利他心を能力といっていいかどうかはわかりませんが、それが武器となるという意味では、能力だと思います。少子高齢化社会においては、他者を思いやる心がないといけません。なぜなら助け合う必要があるからです。

高齢者が多く若者が少ないので、若者に高齢者を思いやる心がないと、社会が成り立ちません。ましてや、世代間でいがみ合っていては、社会が崩壊してしまうでしょう。自分が生きるのに精いっぱいなこの世の中で、利他心を発揮するのはそう簡単ではありません。

だからこそトレーニングがいるのです。私がお勧めするのは、1日に1つ、誰かのために何かをするというものです。たったそれだけのことです。もちろん私たちは1日の中でたくさんのいいことをしているでしょう。気づかぬうちに。仕事をすること自体が、多くの人の役に立っているはずです。ただ、意識して人のために何かをするというのは、また違います。

どんな小さなことでもいいのです。お年寄りに席を替わってあげるとか、通学中の子どもたちに「走ったら危ないよ」と声をかけるだけでもいいじゃないですか。ほんのささいなことが、自分の気持ちを大きく変えてくれますから。その繰り返しが、あなたの利他心を日々育てていくのです。
　そうして利他心が身につけば、**マンパワーの量など大きな問題ではなくなる**はずです。助け合いは、コミュニティ全体の力を何十倍、いや何百万倍にもすることができますから。それは自然災害の多いこの国に住む私たちが、一番よく知っていることではないでしょうか。

協調性について見ていきましょう。これは一見利他心に似ています。でも、利他心が思いやり、つまり誰かのために何かをやってあげる気持ちであるのに対して、協調性はみんなに合わせる態度ですから、やはりニュアンスも主眼を置く部分も異なります。
　少子高齢化社会においては、協力が不可欠です。数少ない働き手が、協力し合って物事を達成していくことが求められるのです。自分だけがよければいいという態度は許されません。人に合わせるというのは面倒なことですが、それをやらないと自分に跳ね返ってくるのです。

たしかに、前にアマゾンのＣＥＯベゾスが協調性を否定しているという話を紹介しました。しかし、それはこの国において協調性が不要という意味ではありません。むしろ少子高齢化が進む日本では、協調性は常識であって、だからこそ時に反常識的な発想として異論が必要だということをいいたかったのです。

さて、では協調性をどう鍛えるか？　それは、職場などにいる気の合わない人に無理に合わせてみることです。いつもならケンカになったり、絶対に合わそうとしない人に、あえて自分から歩み寄っていく。そういう訓練をするわけです。訓練と思えばできるのではないでしょうか。もちろん相手に訓練だと悟られないようにしなければなりませんが。

そうしてやっているうちに、人に合わせるコツみたいなものがつかめるようになるはずです。基本はまず主張を受け入れることです。必要だとしても、「でも」とか「ただ」といった逆説は10回に1回で十分です。

最初はストレスがたまるかもしれませんが、反論を引っ込めていると、周りが見えてきます。反論が先立っているうちは、頭もヒートアップしていますから、冷静になれないのです。そして冷静になって周りが見えだすと、本当に必要な反論だけをするようになるのです。私もそうでした。若いうちは血気盛んなので、なんでも反対していましたが、最近は現実的に考え、組織のために異論を唱える必要がある場合のみ反論するようにしています。おまけに、その方が周囲からの評価も高まります。

このようにして協調性を身につければ、少子高齢化の中で少ないパイを奪い合うこともなく、ましてや醜い世代間競争のようないがみ合いもなくなることでしょう。全員一丸となってこの窮地に立ち向かっていくことができるのです。

発想力の話にいきましょう。少子高齢化社会では、少ない資源でいかに工夫するかが問われます。人手不足ならアイデアでカバーするしかないのです。たとえば、テクノロジーの多くは、人手が足りなくてもことが済むように生み出されたものばかりです。そこまでいかなくても、日常のちょっとした工夫が世の中を便利にすることがあります。

ですから、誰でも発想力を鍛えておけば、少子高齢化を乗り切るためになんらかの貢献ができると思うのです。しかも鍛え方は簡単です。常に組み合わせを意識するのです。これがアイデアを出す際の基本です。既存のものを組み合わせることで、新しいものを生み出す。その練習を日々やっておけばいいのです。

たとえば、身の回りを見渡して、手あたり次第ランダムに組み合わせてみる。それが何になるかなど考えなくてもいいです。組み合わせてから考えればいいのですから。ちょっとやってみましょう。今、私の目の前にあるダブルクリップと綿棒を組み合わせるとします。それからこれが何になるか考えるのです。すると、傷つきやすいものをはさむときのクリップになると気がつくわけです。そもそも綿棒は傷つきやすいところに使うものですから。こんな感じでどんどんやればいいのです。気づけばとんでもない発明品を生み出しているかもしれません……。

この発想力を身につければ、**少ない資源で多くのものを生み出す態度**が醸成されます。これぞ労働人口不足に悩まされる少子高齢化社会に不可欠の態度であるといえます。また、高齢化の部分のみに着目すると、一人で自分のことをするのが難しくなったお年寄りが、不便を感じずに生活できる発明品を生み出せればいいわけです。高い発想力は、そうした発明を可能にするものと思われます。

グローバル社会に備えるトレーニング

グローバル社会に備えるには、なんといっても**語学力**と**コミュニケーション能力**でしょう。そして、**個性**です。一番わかりやすい語学力からいきましょう。中には、もう翻訳機*が市販されている時代だから、今後は語学力なんていらないんじゃないかと思う人もいるかもしれません。

日頃英語や中国語を使って留学生たちとコミュニケーションしている経験からすると、それは間違いです。なぜなら、翻訳機の話す言葉は自分の言葉ではないからです。あれはあくまで誰か別の人、いや別のモノが話しているだけです。

それに対して、自分が選んだ言葉を、自分の声で伝えるということは、とても大事なことなのです。相手に直接言葉が届くだけでなく、自分の

＊翻訳機
多国語に対応したポケット翻訳機「ポケトーク」や、スマホで撮影するだけで写真に写った外国語を翻訳できるソフトなど、翻訳技術は近年著しく進化している。

気持ちを伝えたという満足感を覚えることができるからです。極端にいうと、直接告白するのと、友達に気持ちを伝えてもらうくらいの違いがあります。その差は歴然としているはずです。

日本語で話すときも、「自分の言葉で伝える」ということがありますが、あれは何語という話ではなく、借り物ではない自分自身の言葉という意味です。そうでないと、気持ちというのは伝わらないのです。言葉に宿る霊的な力を言霊といいます。言霊のおかげで、言葉は力を持つのです。借り物の言葉には力を宿すことができないのではないでしょうか。

だから、これからもできるだけ世界共通でコミュニケーションできる言語を学び続ける必要があると思います。今のところは英語ですが、中国語やアラビア語が必要になれば、それを学べばいいのです。

外国語を学ぶことは、異なる文化を理解するためのきっかけにもなります。その意味では、1つくらい異なる言語をしっかりと勉強しておいた方が、異文化理解力を高めるのにもプラスになります。そして何より、外国語を学ぶことは楽しいことです。ぜひトレーニングしてもらいたいと思います。その方法はもういうまでもないでしょう。実際に使うことです。これ以外にはありません。いくら本で勉強しても、話さなければ話せるようにはなりませんから。

私はこれまで、英語に加えて中国語、そしてドイツ語を勉強したことがあります。特に英語は長年勉強してきました。帰国子女や通訳の人には劣りますが、一応大学でも留学生相手に英語で授業をしています。

そんな私ももちろん最初は全然話せなかったわけです。では、どうやって克服したか？　それは逆説的ですが、英語を学ぶことをやめたのです。いや、正確にいうと、従来型の英語の勉強をやめたのです。それはもう高校くらいまでに十分やってきているはずです。文法や単語を覚えたり、文章を読んだり、ヒアリングの練習をしたり、英作文をしたりと。話すのは足りていませんでしたが、それを従来型の勉強法で補強してはいけないと思ったのです。

従来型の英語の勉強は、とにかく詰め込み、そして繰り返しでした。これが英語嫌いや英語の苦手な人を大量に生み出してきたのです。ということは、いくら話す練習が足りていなかったからといって、またあのやり方をしてしまっては、嫌いになります。そこで私は、**いわゆる「勉強」をやめて、英語で生活をすることにした**のです。この日本で。

英語を話したい人はたくさんいるので、そういう人たちとは英語でコミュニケーションすることにしました。日本人同士だから無理ということはありません。また、海外の人とも話した方がいいので、スカイプのレッスンもやりました。でも、あたかも友達とその日あった出来事を話すかのように普通のコミュニケーションをするだけです。そうして疑似的に海外に住んでいるかのような環境をつくりだしたのです。

ほかにも色々やりましたが、この日常を英語化するのが一番役立ったと思います。これは今も可能な限り続けています。職場の日本人でも、英語でしか話したことがない人もいます。ノンネイティブにとって、英語はグローバルコミュニケーションのためのツールにすぎませんから、それでいいのです。この意識の転換さえできれば、日本でも十分英語を話す機会はつくれます。その結果、意識の面でも本当の意味でグローバル化していくような気がします。

コミュニケーション能力の話に移りましょう。これは語学力を含みますが、より基本的な能力のことです。異なる文化的背景を持つ人たちと、いかにして通じ合うか。グローバル社会と聞くと、つい英語のことばかりが頭に浮かびますが、本当は言葉以前のコミュニケーションがもっと重要になってくるのです。

相手にどのように接するかとか、タブーに触れないようにするとか、違いを理解するといったことまでをカバーします。文化的背景が同じ場合、このようなことはあまり気にしなくていいはずです。しかし、グローバル社会ではこうしたことこそが、トラブルの原因であり、また逆にビジネスの成功につながったりしているのです。

たとえば、宗教の違いをきちんと理解していないと、いくらお互いに英語がペラペラでも仕事はうまくいかないでしょう。私が強調したいのは、そういう総合的なコミュニケーション能力のことなのです。それこそが真のグローバルコミュニケーション能力なのです。

では、そんな力をどうやって身につければいいのか？　こればかりは本で知識を得るのが一番効率がいいでしょう。世界の常識をまとめたような本がありますから、１冊きちんと読んでおけば十分です。そのうえで、実際に文化の違いについて外国の人と話してみることです。なかなかそういう機会はないかもしれませんが、もしパーティなどがあれば、隅っこに逃げていないで、積極的に話しかけるべきでしょう。そういう場数が、コミュニケーション能力を高めるからです。時には、本で書いていたのと実際が異なることを知って驚くこともあります。

したがって、私もできるだけ異文化に身を置くように心がけています。これは何も海外旅行に行くとか、大変なことではありません。日常生活の中でも可能だと思うのです。たとえば、留学生がいれば積極的に話しかけますし、駅で旅行者を見つけた場合も話しかけるようにしています。そうした地道な異文化交流の積み重ねが、グローバル社会に通じる実践的なコミュニケーション能力の醸成に役立っているのです。

真のグローバルコミュニケーション能力が身につけば、語学力に多少自信がなくても、外国人とのコミュニケーションを恐れなくなります。堂々と意見もいえるようになるに違いありません。

個性について。そもそもなぜグローバル社会で個性が求められるか。それは多様な人材がいる中で、常に自分の意見をきちんと表明しないと、埋もれてしまうからです。みんなが同じ背景を持つ従来の日本のような社会ならそんな必要はないでしょう。むしろ同じであることの方が便利ですから。全体に従っていれば間違いないので。

ところが、様々な背景を持った多様な人たちの中では、一人ひとりの個性が問われてくるのです。自分は何者で、どんな意見を持っているのかきちんと表明する必要があるということです。そうでないと、その人はいったい誰なのか、何を考えているのかわかりませんから。

ということで、グローバル社会では個性をはっきりと自覚し、他者にもわかってもらう努力をすることが求められます。言い換えると、**自分のアイデンティティ*をしっかりと確立しておく**ということです。

＊アイデンティティ　自己同一性。いわゆる自分らしさ。

そのために、日頃から自分のプロフィールを書いておくことをお勧めします。履歴書みたいなものです。でも、履歴書はシュウカツのときや、転職の時くらいしか書きませんよね。私の提案は、個性を鍛えるためのトレーニングとして、時々プロフィールを更新するというものです。

自分はどういう人間なのか、しっかりとまとめておけばいいのです。その際、少しでも他者とは異なる個性ある人物として見えるようにしなければなりません。もちろん、今自分が面白くもなんともない無個性の人間なのなら、これから変わっていけばいいのです。

そうして個性が確立したら、臆することなくグローバル社会に交じっていけるのではないでしょうか。たいてい世界から集まった人の集団の中に日本人が入れられると、隅っこの方で大人しくしているだけです。意味不明の笑顔を浮かべながら。そこを脱しなければなりません。

対成熟社会のトレーニング

成熟社会化に求められる能力とは何か？　それは**文化力**、**知足力**、そして**自分を愛する力**だと思います。成熟社会とは、もうそれ以上量的に成長することのない社会のことです。逆に、質的成長や精神的豊かさを追求するようになります。かつて世界一の繁栄をほこったイギリスなどがそのイメージです。そしてアメリカに次ぐ経済大国として戦後奇跡を起こしてきた日本も、今や成熟社会化しつつあるというわけです。

質的成長や精神的豊かさを追求するためには、まず文化に着目するのが一番です。文化を重視する国は、伝統や歴史があり、経済一辺倒の国とは一線を画しています。ヨーロッパの国々にはそんな側面があるように思います。たとえばフランスのように。

ですから、私たち一人ひとりも、もっと文化を高めていけるだけの力を身につけるべきなのです。日本にはせっかく素晴らしい文化があるのに、なかなかそれに気づいていません。欧米の文化を真似てみたりと、外ばかりに目を向けているのです。日本の文化を再発見させてくれるのは、いつも海外の人たちです。

最近ようやくクールジャパンのような政府の掛け声のもと、日本の文化に対して自覚的になりつつあります。オリンピックが近づいていることもあるのでしょう。しかしこれもまた、海外の人を意識したからこそ可能になったのです。

政府のキャンペーンが終わっても、またオリンピックが終わっても、私たちは自国の文化を高めるための努力を怠ってはいけません。それこそが文化力の意味するところです。何か1つくらい日本の文化を身につけるか、あるいはまったく新しい文化を創造してもいいでしょう。材料はいっぱいあると思います。この国には。

数年前、映画「君の名は。」が世界的に大ヒットしました。個人的には、その背景にサブリミナル効果*のように出てきた伝統文化の要素が影響していたのではないかと思えてなりません。神社、お酒、組み紐等々。よく目を凝らしてみると、この国の至るところに文化があふれています。

さて、そんな文化力の鍛え方ですが、身近なものから始めてみるのが一番です。お正月に書初めをするとか、着物を着てみるとか、そういうところから始めてみればいいのです。すると、自分の中に埋もれた文化力が息を吹き返してくるのです。「あ、この感覚いいな」と。

文化とは感性が形になったものですから、まずは自分の感性を呼び覚ますことでしょう。そうして意識していると、自然にその感性が研ぎ澄まされていくに違いありません。成熟社会を単なる終わった社会にしないためにも、もっと文化に目を向けましょう。そしてその文化の担い手

＊サブリミナル効果
ある刺激を意識できないくらいの短時間与えるなど、潜在意識に訴えかけるような効果のこと。

は、私たち一人ひとりなのです。

そうした文化力を身につけると、一見つまらなさそうな成熟社会を、より面白いものに変えていくことができるのです。しかも自分自身の手で。それは**自分自身の日常を豊かにすること**にほかなりません。

知足力について。これも造語ですが、知足という言葉はあります。中国の思想家、老子*の言葉です。「足るを知る」と表現されることもあります。この言葉はよく誤解されているのですが、決してほどほどで満足しておくのがいいという消極的なメッセージではないのです。そうではなくて、むしろ現状に積極的に満足を覚えようということです。
私たちは、自分に足りないことばかり気にしています。だからいつも不満ばかり漏らしているのです。ところが、本当は足りていることもたくさんあるはずなのです。どうしてそっちに目を向けないのか。老子が

＊老子
（生没年不詳）

中国の春秋戦国時代の思想家で、道家の開祖とされる。謎が多く、実在しない人物であるとの説もある。宇宙を支配する原理としての「道」の意義を説いた。

いいたいのはそういうことです。

そしてこの思想は、成熟社会にこそ最大の効果をもたらします。成熟社会というのは、よくいえば完成した社会です。文明が発達し、問題も乗り越え、ようやく落ち着いた社会、だからこそ先進国に多いわけです。そういういい面を見れば、幸せな気分にさえなるのではないでしょうか。

ですから、現状に大満足する力、知足力を身につければ、成熟社会を楽しんで生きていけるのです。仕事もそうでしょう。日々成長する会社で毎日忙しいのもいいでしょう。でも、安定した会社でのんびりと働ける。それはすごく幸せなことだと思うのです。そんな働き方に満足できるようになれば、もう成熟社会を恐れることなどないはずです。

では、どうやって知足力を身につけるか。それは何か嫌だなと感じたときに、常にいい面を探して見ることです。どんな物事にも、ほんの少しくらいはいい側面、つまりプラスの側面があるはずです。世の中には大病を患ったときや、大けがをしたときでさえ、そのことをバネにして前向きに生きようとする人がいます。まずはいかなる苦境においてもプラス面を見出す練習からです。

知足力を身につければ、モノがなくてもお金がなくても、幸せに生きていけるわけですから、社会の側がどうかなどということは関係なくなります。それはもう仙人のごとく最強の人間になることを意味するのではないでしょうか。

自分を愛する力。これは、文字通り自分を大切にするということです。大人になると、家族や会社などに気を使うようになります。そしてそちらの方を優先しがちです。そのこと自体は素晴らしいことだと思います。ただ、気づけばかなり自分が傷んでいるということがあるのです。

気づけばまだいい方です。自分が傷ついてボロボロになっていることに気づかないまま、倒れてしまったり、潰れてしまったりという人がたくさんいます。たしかに、これまでの競争重視の社会においては、自分を犠牲にせざるを得なかった部分もあるでしょう。でも、もうそんな必要はないのです。成熟社会とはそういう社会です。

だからここで、自分ファーストに転換する必要があるように思います。第2章で紹介したように、ホッファーは、まさに自分を愛することで成功した人物だといえます。私が最近、ホッファーについての本を出したのは、私自身が自分の疲れや傷みに気づいたからです。そこで、このままではいけないと思い、ホッファーの本を読みまくりました。そうして彼の言葉を自分なりに咀嚼し、表現してみたのです。それはあたかも、自分の生き方を改めるための儀式のようなプロセスでした。

その結果わかったのは、**自分を愛するということは、決してわがままになるということではない**という点です。そうではなくて、自分も他の人と同じように気遣うということにほかなりません。自分のために他者を犠牲にしてしまうと、また苦しむことになってしまい、本末転倒です。だから他者に気遣うように、自分にも気遣う。それが自分を愛するということの意味なのです。

それができるようになれば、成熟社会が楽しくなるはずです。何しろ余裕のある社会ですから、自分のために何か1つや2つくらいやるのは簡単です。できないと思い込んでいるだけです。

したがって、自分を愛するためにまずやるべきことは、自分のために何かを始めることです。人のためではなく、自分自身のために。その際、人に迷惑をかけたり、他者を犠牲にしたりしない限り、何をやってもいいのです。たとえば、新しい趣味を始めるとか、ファッションに気を使うようにするとか、おいしいものを一人で食べるとか。

私も始めているのですが、これは思わぬ効果を生み出します。成熟社会を楽しめるだけでなく、周囲の人にもやさしくなれます。自分をいたわれない人は、周りの人もいたわれない。そのことに気づくと思います。
そうした自分を愛する力を身につければ、きっと成熟社会をのんびりと生きていけるのではないでしょうか。つまり、成熟社会を楽しむことができるということです。景色は自分の気持ち次第で変わるものです。せっかくの美しい景色を楽しむか、それに目もくれずにあがきつづけるかは、自分次第なのです。

最後に告白しておきますが、ここで偉そうに書いてきたトレーニング法は、すべて私の失敗の経験に根差しています。私自身がかつてはどの力もなかったので、失敗や挫折を繰り返してきました。しかし、それを乗り越えてきたから今があるのです。その過程で得たものをみなさんにもお伝えしたかったのです。少しでも参考になれば幸いです。

OGAWA'S POINT

1 AI社会を生き抜くトレーニング

- 感性で、AIがフォローできない部分をフォローする
- 意志力で、リーダーシップのある人間になる
- 未知力で、突拍子もないことを成し遂げる

---

2 人生100年時代を生き抜くトレーニング

- 計画力で、長期的な展望を描き、実行する
- 体力で、長い人生を支えきれる身体を手に入れる
- 進化する力で、自らの成長を楽しみながら生きる

---

3 少子高齢社会を生き抜くトレーニング

- 利他心で、コミュニティー全体の力を底上げする
- 協調性で、いがみ合うのではなく、一丸となって窮地に立ち向かう
- 発想力で、少ない人手をアイデアによってカバーする

---

4 グローバル社会を生き抜くトレーニング

- 語学力で、どんな場所でも自分の言葉で話せる人間になる
- コミュニケーション能力で、異文化でも真の信頼を得る
- 個性で、大勢の中でも埋もれないアイデンティティを確立する

---

5 成熟社会を生き抜くトレーニング

- 文化力で、成熟社会の魅力を掘り起こす
- 知足力で、モノやお金にとらわれない幸せを実感する
- 自分を愛する力で、自分のために何かを始める余裕を持つ

未来は怖がるものではなく、楽しむもの

05

幸福論3.0

――激変する社会の中で輝いて！

「ハタラク」から「ジタラク」へ

最終章では、働くということと幸せに生きるということを結びつけてみたいと思います。それによって、単に働き方の改革ではなく、一人ひとりが人生そのものを改革するためのヒントを提示したいと思うのです。

私がいいたかったのは、働くということをもっと普通の営みにしようということでした。そうすれば、変に気負わなくても済むからです。働くことが特殊な任務だと、どうしても無理をしてしまいがちですから。

そのうえで、働くための目的も見直していくことを提案したのです。それは決して誰かのためだけでなく、自分のためでもあり、また何より人生を楽しむためのものだということでした。さらにそのことを、うまく生きていくことと表現したりもしました。

これらをまとめてスローガン的に表すなら、**「自他楽《じたらく》」**という感じになるのではないかと思います。もちろん私の造語です。というのも、既存の言葉にはぴったりとしたものがないからです。

働くというのは「傍（はた）を楽にすること」だという人がいます。これも言葉遊びですが、うまいですよね。働くことで、周りの人を楽にしてあげるということです。社会をよくするととらえてもいいでしょう。

ただ、すでに述べてきたように、やはりそれだけではないのです。**自分のために働くという部分をもっと重視しなければなりません。**だから「他」だけでなく「自他」としました。そして、働くということは、自分や他者を楽にするだけでもなくて、そもそも楽しい営みであるべきだという思いから、楽には2つの意味をかけています。人間を楽にし、同時に他者と一緒に楽しむ営みだということです。

たとえば、職場でみんなが一体感をもって、1つの仕事に取り組む瞬間というのがあります。何かトラブルがあったとき、自分の仕事を脇において、みんなで助け合う瞬間がそうです。そうした瞬間は、大変なようで、何か中高生の部活動にも似た楽しさを感じるのです。

映画などでもよくあるシーンです。そしてその苦境を乗り越えたとき、そこに働くことの意義が垣間見えるのです。これがジタラクのイメージなのです。だからといって、しんどいことをしないとジタラクにならないかというと、そんなことはありません。職場ではなかなかないのが残念なのですが、たとえば職場の忘年会で、普段の仕事を忘れて、楽しく鍋をつついているあの瞬間の雰囲気もジタラクに近いように思います。

実は**デンマークの幸福の概念「ヒュッゲ」**を日本風にいうと、鍋をつつく雰囲気だという人もいるようです。

私のジタラクのイメージに一番近いのは、このヒュッゲなのかもしれません。ヒュッゲという概念は本当に日本語にしにくいのですが、デンマーク式の幸福哲学のことです。居心地のよさと訳す人もいます。ピア・エドバーグ*著『Ｈｙｇｇｅ』の中で見つけたのですが、トーブ・マレン・スタッケスタッドという作家がこんなふうにいっています。「ヒュッゲは訳すべき言葉ではない─感じるべき言葉だ」と。

デンマークは幸福度*が非常に高い国として知られています。ＧＤＰ*がそんなに高いわけではないですが、みんな幸福に生きているのです。それはヒュッゲに基づいて、背伸びせず、ありのままを楽しんでいるからです。それは必然的に自分と他者を大切にすることにつながってきます。私たちは一人で生きているわけではないので、「ありのまま」の中には必然的に身の回りの他者が入ってくるのです。

それは決して難しいことではなく、当たり前のことを当たり前にやるだけです。自然の恵みを大切に、周りにいる人を大切にする。それだけのことです。もしかしたら、理想の働き方というのは、そんな当たり前

＊ピア・エドバーグ
作家、アーティスト、起業家。デンマークに生まれ、カナダに移住。

＊幸福度
国連では、社会保障や健康寿命、人生選択の自由度などから幸福度を指標化している。北欧諸国の幸福度は総じて高い。2018年版では日本は54位。

＊GDP
国内総生産。一定期間内に国内で産み出された付加価値の総額のこと。

の中にあるのかもしれません。

ジタラクという音は、心地いいというかなんとなく自堕落にも聞こえますが、それもまたいいように思います。たまにはダラダラしてもいいじゃないですか。人間は完璧ではありません。私も20代後半、フリーターあるいはニートとして自堕落に過ごした時代があったからこそ、その後猛烈に頑張れたのです。人生最初から最後まで同じペースで頑張り続ける人がいたら、それは尊敬しますが、ある意味特殊だと思います。

人生は山あり谷ありです。しかも周囲の環境がそうさせるだけでなく、自分自身がそれを招いている要素は大いにあるのです。そんな時に自分を責めてばかりでは、負のスパイラルに陥る一方ではないでしょうか。

その意味では、働くとは**「ハート楽」**でもあるべきです。働くことで、苦しむ必要はまったくありません。ハートを楽にする、楽しいものでなければならない。私は自分が苦しんできた経験から強くそう思います。

みんな朝起きて、仕事に向かいます。その繰り返しです。もしその仕事に向かう気持ちがネガティブなものだったらどうでしょう？　毎日が苦しみとの闘いになってしまいます。月曜の朝、雨でも降っていようものなら、その苦しみは倍増しますよね。さらに嫌なことがあったらもうおしまいです。仕事に行きたくなくなるのではないでしょうか。

ただでさえ朝はしんどいものです。都会なら通勤も大変でしょう。だから仕事自体が楽しくないと、何十年もまともな精神状態でいられるわけがないのです。**それでも会社に通い続けることができる人が普通で、ダメになる人が弱いのではありません。**まったくその逆です。それでも会社に通い続けられる人は超人で、ダメになる方が普通です。働き方改革には、この**価値転換**がどうしても必要だと思うのです。私が再三常識を疑い、覆すことの必要性を説いているのはそうした理由からです。

モチベーションをもっと重視する

いつまでも楽しんで働くためにはどうすればいいか？　そのための要素として**モチベーションの大切さ**が説かれることがあります。これまでほとんど触れてきませんでしたが、私はモチベーションほど重要なものはないと思っています。どうも世の中ではそこのところが軽視されているように思えてなりません。日本においては特にそうです。

欧米ではもう少し重視されていて、モチベーションに関する本が自己啓発書コーナーに溢れています。モチベーション専門のビジネスコンサルタントもたくさんいます。だからこそ、日本でもモチベーションというふうに英語のまま用いているわけです。日本語だと動機づけということになるのでしょうが、やはりピンときません。やる気といわれるとわかるような気はしますが、モチベーションの方がしっくりくるのです。

なぜなら、やる気というのは一時的に起こるもののようなイメージがあるのに対して、モチベーションは持続させるものというイメージがあるからです。やる気を起こすとか、やる気がないといった言葉の使い方からみても、その瞬間の話だけをしているように感じてしまうのです。あるいは日本でいうやる気は、あくまで精神論にすぎないような気もします。やる気がなくても、やる気があるようになれという命令みたいなものです。これに対して、欧米のモチベーションはもっと科学的なのです。それが**持続するように様々な工夫が講じられている**のです。

なぜモチベーションが大事かというと、まさにこの持続性の部分にあります。人間は何かをやりたいと思ったとき初めて、その対象を楽しむことができます。当たり前のことですが、やりたいから始めるのです。

そしてやりたいことができているから、楽しめるのです。ところが、何事も飽きてくるものなのです。それが人間のサガです。

そうなると、もう楽しめません。だからいつまでもやりたいという気持ちを持続させる必要があるわけです。それをモチベーションというのです。つまり、モチベーションさえ持続させることができれば、いつまでも仕事を楽しむことができるというわけです。もっというと、モチベーションを高めれば、さらに楽しむことができるでしょう。

では、**モチベーションをどう持続させ、どう高めていけばいいのか。**

持続については、初心を忘れないようにすることです。最初その仕事がやりたいと思ったときのことを常に思い出す工夫をすればいいのです。これは恋愛と同じです。好きになった人のことをずっと好きでいるには、出逢った頃の気持ちを思い出すことです。それには昔もらった手紙を読むとか、その頃の写真を見るとかすればいいでしょう。

それとまったく同じで、その仕事をやりたいと思って努力していた頃のモノを傍に置いておくのです。あるいはその仕事を始めた頃の写真を置いておくのです。そして時々見るようにする。それだけでもだいぶ変わってきます。

あるいは、自分が今考えていることを可視化して向き合うのもいいでしょう。私もよくやるのですが、ネガティブな気持ちとポジティブな気持ちを左右に書き出して比較します。そしてポジティブな気持ちでそのネガティブな気持ちを克服する理屈を考えるのです。そうすれば、自然にやる気がわいてきます。

たとえば、海外勤務のために英語を勉強しているとします。ネガティブな気持ちは、もうこれ以上伸びないというもの。ポジティブな気持ちは、人間はやればやっただけ少しでも成長するというもの。つまり、英単語1つ覚えただけでも成長です。だから伸びているのです。自分がそれを実感できていないだけだ……という具合に。

では、モチベーションを高めるにはどうすればいいか？　先ほどのモチベーションを持続させる方法でも高まることがあるのですが、より発奮するのはなんといってもライバルの存在でしょう。ライバルがいると燃えてくるのです。ライバルというからには、自分より力が上の部分があるでしょうから、それを超えようとしてより頑張るということです。何より、具体的な生ける目標があるのは励みになります。

そういう人がいない場合は、映画で代用します。自分がやっていることに近い主題の映画を観るだけです。主人公が頑張って目標を達成する物語であれば、どんな主題でも影響されるものです。スポーツ系もお勧めです。小説や漫画もいいですが、できるだけ多くの感覚に訴えるものの方がインパクトがあります。映像や音楽の力には即効性がありますから。

余談ですが、私はジョギングの際、必ずアップテンポの音楽を聴くようにしています。最初は時間がもったいないので英語のニュースを聴いていたのですが、モチベーションが上がりません。これを音楽に変えてみると、もう自分が映画の主人公になったかのような効果があるのです。以来、シルベスター・スタローンが演じる名作「ロッキー」の主人公になったり、「ミッション・インポッシブル」シリーズのイーサン・ハントになったりしています。

こうして考えてみると、人間というのは意外に単純なものです。不完全といってもいいかもしれません。でも、だから愛すべき存在なのでしょう。いや、だからこそ可能性があるといった方がいいでしょう。

人間臭く働き、人間臭く生きる

私が前提にしているのは、とにかく**人間は不完全だ**ということです。AIのところでも書きましたが、機械と人間の違いはそこにあります。それをポジティブにとらえる必要があると思っています。

どんな時代になっても、結局人間がやるのは人間臭い仕事です。人の心のケア、介護*、こうした仕事は人間にしかできない部分があります。いいえ、これはどんな仕事にも当てはまることだと思います。つまり、**どんな仕事でも、人間臭い側面とそうでない側面がある**のです。その人間臭い側面を人間が担当していくということです。

たとえば、営業職でもマニュアル通り商品を売るのはAIにもできるでしょう。セオリー通りといってもいいかもしれません。でも、営業

***介護・医療のロボット化**
介護支援ロボットの研究が進んでいるほか、医療現場では、過去の症例を照合するなどの分野でAIの優位性が指摘されている。

の際、人の悩みを聞いて、その人を癒す仕事は人間にしかできないのではないでしょうか。厳密にいうと、機械にもできるのだけれども、聞いてもらいたい側が、機械にはどうしてもわからないと思い込んでいるか、機械に同情してもらっても納得しない場合、どうしようもありません。

これは医者にもいえることです。医療もかなりロボット化されています。画像の診断はＡＩの方が正確だといいますし、手術もある程度ロボットに委ねられるようになるとすれば、いったい医者は何をすればいいのか？　患者と人間同士のコミュニケーションをすることです。そして時にはケアすることです。ＡＩが出した治療方針とは異なるアドバイスをすることになるかもしれませんが、人間という不可解な存在にはそうした不可解な結論の方が受け入れられることがあるのです。

人間はこうした部分をこれからも磨いていくべきでしょう。ＡＩには申し訳ないですが、私たち不完全な人間にしかわかり合えないことがあるのです。ＡＩはＡＩ同士で同じことをいうかもしれませんが、お互い聖域でいいじゃないですか。いくら同じ能力になっても、お互いに決定的な違いがあるわけですから、そこは分けて考えるしかありません。「人間臭さ」というのは、これからの働き方のキーワードであるように思います。対ＡＩの話に限らず、人生１００年時代においてもそうでしょう。いくら人生が長くなっても、私たちの本質が変わるわけではありません。長く同じことをやっていれば飽きるし、いつまでも若くいたいし、嫉妬もすれば、お金も欲しい。それが人間です。

こうした欲求を１００年もある人生の中で満たし続けるのは相当大変です。だからどこで妥協するかを考えていかないと、苦しい人生を送るはめになるのです。そのためには、不完全だからこそその人間臭さを認めることが先決でしょう。

唯一無二の人間になる

もう1つ、どんな時代になっても生き残れるための働き方があります。それは、**唯一無二の仕事をする**ことです。当たり前のことですが、その人しか生み出せないものがあるとしたら、それは大きな価値を持ちます。

そのためには、唯一無二の人間にならなければなりません。これは一見難しそうに思えますが、実は視点を変えれば簡単になれるのです。つまり、唯一無二を目指せばいいのです。特に日本では、その反対のことばかりしています。みんな金太郎飴のように同じ人材になるように強制される。個性があったらつぶされる。これが日本の教育、いや日本社会です。

地域で目立つとのけ者にされる、会社でも出る杭は打たれる。そんな社会で幼少期から大人になるまで過ごすから、個性が生まれないのです。

たとえばアメリカ人は日本人に比べて個性的だといわれますが、それは教育が違うからです。画一的な知識の習得よりも、自分の意見がいえるようにするなど、個性を伸ばす教育をしているだけのことです。

前にも紹介した人生１００年時代の提唱者ともいっていいリンダ・グラットンらは、『LIFE SHIFT』の中でそのためのヒントについて論じています。私が面白いと思ったのは、彼女が**「実験」**という言葉を使っているところです。人生１００年を生産的に生き続けるには計画と実験が必要だといっているのですが、計画についてはわかると思います。そこでなぜ実験なのか。それはロールモデルなき時代だからです。モデルがない時代に「ありうる自己像」を実現するためには、**なんでも試してみるよりほかかない**のです。

つまり、私に言わせると、唯一無二になれるかどうかは、いろいろ試してみるよりほかないということです。だから実験が必要なのです。試した者勝ちなのです。なんでもそうですが、パイオニアと呼ばれる人たちは、なぜそうなれたのか？　試したからです。多くの人は、アイデアを思い浮かべたり、やりたいと思っても、そこで終わってしまいます。

つまらない例を挙げたいと思います。私は最近よくどうやって痩せたのか聞かれます。特にダイエットしたいけどできないという人から。前にも書きましたが、3か月ほどで15キロくらいは痩せたと思います。

そのときいつもこう答えるようにしています。「実際にトライしてみたからです」と。それが事実だからです。毎年人間ドックでE判定をもらうので、さすがに痩せないとまずいと思っていました。でも、なかなか行動に移せなかったのです。だから太っていたのです。でも、ある日、気づいたことを実践に移してみたのです。たったそれだけのことです。気づいた後は、一歩踏み出すかどうかなのです。人生はそんなシンプルなことでガラッと変わります。

私たちだって、最初から唯一無二の人間になることを目指していれば、なれるはずです。これまでやらなかっただけです。だから今からだって決して遅くはありません。いい学校に行って、いい会社に入る。そしてみんなと同じように頑張る。そこから外れた瞬間、唯一無二の人間になる道を歩み始めることができるのです。実験を恐れてはいけません。ぜひ一歩を踏み出してください。それは偉大な発明への第一歩になるはずですから。

とにかく希望を持つことだと思います。やってもダメだと思うと、実験など怖くてできなくなります。先の見えない時代にはなおさらそうです。ドイツ出身の哲学者エルンスト・ブロッホ*が『希望の原理』で述べたように、希望とはまだないことであり、空っぽから始めることなのです。見えないときには、当然不安になりますが、だからこそ希望を注ぐ

*エルンスト・ブロッホ
（1885〜1977）
ドイツのマルクス主義哲学者。ナチスに追われアメリカに亡命。著書『希望の原理』で知られる。

ことができるのです。

そして希望を持つためには、信じることが必要です。信じることが人生を明るいものに変えていくのです。景気が一向に回復しなかったり、企業が不祥事を起こしたりと、信じることが難しくなっている日本人にとって、これは幸せになるためのキーワードであるように思います。

信じるためには、よく知らなければなりません。この生き方がいいとか、こうすればいいとか判断するためには情報がいるのです。そのうえで実験する。情報なしに実験するというのは、ただの無謀な冒険にすぎません。それでは見つかるはずの新しい道も見つかりません。

実験と冒険の違いはここにあります。実験は答えはわからないけれども、やり方はあらかじめはっきりしています。唯一無二の人間になるために求められるのは、無謀な冒険でないことはたしかです。そのことだけは強調しておきたいと思います。

幸福論3・0

さて、この激動の時代を幸せに生きていくためにはどうすればいいか？　だいぶ答えは見えてきたと思いますが、働くことから少し射程を広げて考えていきたいと思います。前に自他楽というスローガンを提案しました。働くことで自分も他者も楽にし、かつ楽しみ、楽しませるという意味です。

実はこれは生きることそのものにも当てはまるように思っています。なぜなら、**人生の目的は楽しむこと**だからです。そんなことはないという人もいるかもしれません。家族を幸せにすることだとか、世の中をよりよくすることだとかいう人もいるでしょう。でも、それも広い意味では人生の楽しみです。家族が幸せにしている姿や、世界が平和になる様子を見るのは、それを願う人たちにとって、楽しみ以外の何ものでもないはずです。

中国の思想家、孟子*が**「人間の三楽」**を唱えていますが、まさにそういうことをいっています。つまり、偉い人には3つの楽しみがあるというのです。それは**家族が平和に暮らしていること、恥じることのない毎日を送っていること**、そして**有能な人材を育てることができること**です。偉い人でなくても、こうしたことは誰にとっても人生の楽しみでしょう。私もよくわかります。私は教師なので部下はいませんが、学生を育てるのは本当に楽しいことです。

また人生は、自分だけが楽しくても満足できるものではありません。自分の周りにお腹をすかしたストリートチルドレンがいるのに、自分さえ満腹なら平気だという人がいるでしょうか？　もちろん逆もつらいで

*孟子（前372頃～前289頃）
中国の戦国時代の思想家。儒家の立場から性善説を唱えた。

しょう。だから自他共に楽しい状況でなければならないのです。

これまで歴史上の哲学者たちも**幸福論***を唱えてきましたが、それらが自分の幸せに焦点を当てたものであったことは否めません。フランスの哲学者アラン*の幸福論は、幸福の伝染を説いていますが、それはあくまで自分が幸せになって、他者にそのおすそわけをしようという話です。あるいはイギリスの哲学者ラッセルの幸福論は、後の彼の平和運動に象徴されるように、社会を幸福にすることを説いていましたが、それもまた自分が幸福になるための条件として論じていただけです。

仏教やキリスト教などの宗教も、ある意味では幸福論といえますが、あちらは反対に利他心*を説くものです。したがって、自分を犠牲にしてでも他者を幸せにする幸福論だといえます。どうも**自他共に同時に幸せになるための幸福論が見当たらない**のです。

もしかしたら、それは無理な注文だからかもしれません。それほど困

＊幸福論
世界の三大幸福論は、アランとラッセル、ヒルティによるものとされている。

＊アラン
（1868〜1951）

フランスの思想家・哲学者・教師。本名はエミール＝オーギュスト・シャルティエ。アランというペンネームで新聞にエッセーを発表するなど、様々な著述活動を行う。

＊利他心
他人が利益を得られるように図る心。

難だということです。つまり、自分の幸せと他者の幸せは基本的にトレードオフの関係にあるということです。これは思考実験的に考えればすぐわかると思いますが、たとえばここに小さなパイが1つあるとします。それをお腹をすかせた自分と他者が見つけたとき、どちらか一人しか食べることができないのです。分けてもいいですが、その場合、二人とも十分には満足できなくなってしまいます。さて、どうするか？

私の答えはこうです。小さなパイを大きくするために二人で協力して考える。なんだかずるい答えのように思うかもしれませんが、この発想が大事なのです。パイをどう分けるかにしか頭がいかないようでは、真の幸福は得られません。すぐに分けて食べてしまうのではなく、まずアイデアを考える。しかも二人で協力して。そこが味噌です。

こうした幸福の模索の仕方を、私は**幸福論3・0**と呼びたいと思います。つまり、自分のためだけの幸福論1・0でもなく、また他者のための幸福論2・0でもない、第三の幸福論、しかも進化した形での幸福論という意味です。だから第三ではなく3・0なのです。

これからの幸福は、**自他共に利するように協力して知恵を絞ることで初めて実現される**ように思います。それは必然的にイノベーションを求めることになります。なぜなら、小さいパイを大きくするには、新しい何かを生み出すよりほかないからです。これからの時代、幸福は見つけるものではなく、創り出すものになっていくわけです。だから幸福を創り出せる能力を持った人だけが幸せになれるといっていいでしょう。

これは必ずしも成功しなければ幸福になれないという意味ではありません。それだと不幸なことの方が多くなってしまいますから。その点では、哲学者の三木清*が『人生論ノート』に書いている通りだと思います。三木によると、現代社会では成功と幸福を同一視するようになっている

＊三木清
（1897～1945）日本の哲学者。京都大学で西田幾多郎らに学ぶ。ドイツやフランスに留学し、マルクスらを研究。治安維持法違反に問われ、終戦後に獄死。一般には著書『人生論ノート』で知られる。

が、それは間違いだというのです。

たしかに一見成功は幸福とイコールのように思えます。でも、**成功は型にはまったものなのに対して、幸福は人それぞれ形が異なる**のです。失敗が幸福になる場合さえあるということです。現に人から見れば失敗でも、本人はそれでよかったと満足していることがあります。もっと大事な何かを見つけたのでしょう。人を思いやることとか、健康の大切さとか。

私のいう幸福もそういうユニークなものなのです。これからの時代の幸福は特にそうだと思います。成功したから幸福だとか、お金があるから幸福だといった一元的なものではなくなるでしょう。だから面白いし、だから**誰でも幸福になれるチャンス**があるのです。そしてそれを可能にするのは、本書で論じてきた新しい働き方にほかなりません。

OGAWA'S POINT

1 キーワードは「ジタラク」

幸せに働き、幸せに生きるには…

> 「傍（ハタ)」を「ラク」にするだけでは足りない

> 自分も他人も「ラク」に「楽しく」働く

> レールから外れるのは、決してダメなことではない

---

2 モチベーションを高める

> モチベーションは精神論ではなく、科学的に持続させられる

たとえば…

> 初心を思い出す工夫をする

> ポジティブな気持ちとネガティブな気持ちを書き出し、比較する

> ライバルや心を動かす物語の存在も強力な助けになる

---

3 人間臭く生き、幸福を手に入れる

> 仕事のうち、正確な作業をAIが担うようになれば、「人間臭い」仕事の側面がクローズアップされるようになる

> 唯一無二の人間は強い。そうなるためには、無謀な冒険ではなく、情報をもとにした「実験」が必要

> 時には失敗すらも幸福の種になる

自分だけの働き方、自分だけの幸福を！

おわりに

本書では働き方について様々な面から考察を加えてみました。その過程で気づいたのは、私自身がこれまで働くということの意味をあまり深く考えていなかったという事実です。もちろん、哲学カフェなどでそれをテーマにしてきたことはありますし、本の中で少し論じたこともありました。でも、1冊丸ごと働くことだけをテーマにしてみると、やはり相当考えることになります。

その意味で、まだまだ考えが浅かったことに気づいたのです。そして同時に、自分の労働観を見直すことができました。たとえば、本文で紹介した自他楽（ジタラク）という発想は、執筆中に思い浮かんだものです。自分と他者を共に楽にし、共に楽しんで働いていくためにはどうすればいいか。必死に考えた結果です。自分ではやっと腑に落ちた感じがしています。

あるいは、働くことと生きることを結びつけて考えることもあまりなかったのですが、今回はそれこそをテーマにしたつもりです。最後の章で幸福論3・0について論じたように、働くということと人生の幸福は大いに結びついています。ただ、それがゆえに働き方によっては人生を不幸なものにする危険性があるのです。

私たちはそのことを肝に銘じつつ、常に働くことの意義を問い直し続けなければならないでしょう。残念ながら、本文でお約束したように、私自身が次に具体的にどこで何をやるかはまだ見つかっていません。しばらくは今の活動を続けていきます。ただ、少なくとも方向性は見えてきました。もちろんそれは、自分も他者も楽ができて楽しめるような環境をつくっていくということです。

私たちを取り巻く環境は、これからも激変を続けるに違いありません。そんな中で、いかに働き、いかに生きていくか。本書で試みた哲学が、これからのみなさんの幸福に少しでもお役に立つことを祈っております。

著者プロフィール

小川 仁志（おがわ・ひとし）

1970年、京都府生まれ。哲学者・山口大学国際総合科学部准教授。京都大学法学部卒、名古屋市立大学大学院博士後期課程修了。博士（人間文化）。商社マン、フリーター、市役所職員、徳山工業高等専門学校准教授、米プリンストン大学客員研究員を経て現職。「哲学カフェ」を主宰するなど、市民のための哲学を実践している。NHK・Eテレ「世界の哲学者に人生相談」では指南役を務めた。専門は公共哲学。著書に『7日間で成果に変わる アウトプット読書術』（リベラル社）、『ビジネスエリートのための！リベラルアーツ 哲学』（すばる舎）等多数。

[主な参考文献]

新井紀子『AI vs. 教科書が読めない子どもたち』東洋経済新報社、2018年
伊賀泰代『生産性』ダイヤモンド社、2016年
井上智洋『人工知能と経済の未来』文藝春秋、2016年
小川仁志『エリック・ホッファー 自分を愛する100の言葉』PHP研究所、2018年
河合雅司『未来の年表』講談社、2017年
熊野 純彦『マルクス 資本論の哲学』岩波書店、2018年
童門 冬二『二宮尊徳の経営学』PHP研究所、2013年
ハンナ・アレント『人間の条件』志水速雄訳、筑摩書房、1994年
福吉勝男『現代の公共哲学とヘーゲル』未來社、2010年
堀江貴文、落合陽一『10年後の仕事図鑑』SBクリエイティブ、2018年
松尾豊『人工知能は人間を超えるか』KADOKAWA、2015年
村山昇『働き方の哲学』ディスカヴァー・トゥエンティワン、2018年
森博嗣『「やりがいのある仕事」という幻想』朝日新聞出版、2013年
リンダ・グラットン、アンドリュー・スコット『LIFE SHIFT』池村千秋訳、東洋経済新報社、2016年

イラスト　　　　ヤマサキミノリ
装丁デザイン　　大場君人
本文デザイン　　渡辺靖子（リベラル社）
編集　　　　　　堀友香（リベラル社）
編集人　　　　　伊藤光恵（リベラル社）
営業　　　　　　廣田修（リベラル社）

編集部　上島俊秀・山田吉之・高清水純
営業部　津村卓・津田滋春・青木ちはる・榎正樹・澤順二・大野勝司

人生100年時代、AI時代、グローバル時代
これからの働き方を哲学する

2018年12月25日　初版

著　者　小 川 仁 志
発行者　隅 田 直 樹
発行所　株式会社　リベラル社
〒460-0008 名古屋市中区栄3-7-9 新鏡栄ビル8F
TEL 052-261-9101　FAX 052-261-9134
http://liberalsya.com
発　売　株式会社　星雲社
〒112-0005 東京都文京区水道1-3-30
TEL 03-3868-3275

ISBN978-4-434-25499-4